普通高等职业教育"十三五"规划教材

消费者心理学

XIAOFEI ZHE
XINLI XUE

主　编◎张亚平　于江学

副主编◎石建立　谷二米　王波涛　刘志艳　陈容霞

参　编◎梁　晶　樊亚男　张　蕾　李静华　谷　波　马　冬

U0360365

清华大学出版社
北　京

内 容 简 介

本书着力于分析影响消费者购买决策过程的心理因素，分析这些因素的变化影响消费者心理变化的规律，从而引导消费者的购买行为过程，构建营销心理学的知识体系。在教材的编写上，围绕任务以任务分析、任务目标、任务知识、任务实施、任务评价为主线，辅以案例分析、知识技能测试模块，为学生完成任务提供了分析问题、解决问题的清晰思路，并对教师实施教学活动及对学生活动的实时评价提供参考。适用于任务驱动学习，利于培养学生动手操作能力。

本书是高等职业教育技能人才培养课程教材，既可作为市场营销专业核心课程教材，又可作为管理类相关课程教材和企业人员的培训教材。

图书在版编目(CIP)数据

消费者心理学 / 张亚平，于江学主编．--北京：清华大学出版社，2016(2024.1重印)

（普通高等职业教育"十三五"规划教材）

ISBN 978-7-302-43749-9

Ⅰ.①消… Ⅱ.①张… ②于… Ⅲ.①消费心理学-高等职业教育-教材 Ⅳ.①F713.55

中国版本图书馆 CIP 数据核字(2016)第 092669 号

责任编辑：刘志彬
封面设计：汉风唐韵
责任校对：宋玉莲
责任印制：丛怀宇

出版发行：清华大学出版社
  网 址：https://www.tup.com.cn, https://www.wqxuetang.com
  地 址：北京清华大学学研大厦 A 座   邮 编：100084
  社 总 机：010-83470000   邮 购：010-62786544
  投稿与读者服务：010-62776969, c-service@tup.tsinghua.edu.cn
  质量反馈：010-62772015, zhiliang@tup.tsinghua.edu.cn
印 装 者：三河市人民印务有限公司
经 销：全国新华书店
开 本：185mm×260mm   印 张：11   字 数：262 千字
版 次：2016 年 6 月第 1 版   印 次：2024 年 1 月第 7 次印刷
定 价：35.00 元

产品编号：068820-02

2015 年 7 月，教育部在关于深化职业教育教学改革的相关文件中指出：职业教育要坚持产教融合、校企合作；坚持工学结合、知行合一；坚持以人为本、能力为重，培养政治坚定、思想领先、技能过硬、品德优良的社会主义接班人。这就要求高等职业院校要与企业合作，按照职业岗位对思想、能力、职业素养的要求，共同开发优质课程资源，以培养具有实际操作能力的技能型人才。

为了适应新的形势，本书按照国家教育部对高等职业院校人才培养规定的具体要求，结合我国市场经济发展的实际情况，在对高等职业院校学生进行技术能力培养的同时，实现素质能力的培养。为此，本书的编写有以下四个突出的特点。

1. 可操作性强

本书的编写按照消费者购买行为的过程，通过不同学习情境和工作任务的安排，从心理学的角度培养学生对消费者行为问题的分析处理能力。在每一个工作任务中，以具体的应用情境，将消费者心理学与企业实际的营销活动融为一体。在教学实施过程中，以 5 个学习情境，15 个工作任务为载体，将教学内容融入应用情境中，从而使教师的教和学生的学都具有很强的操作性。

2. 内容易学够用

在内容的选择上，以完成营销工作够用为原则，以"任务知识"的形式完成对消费者的心理分析，不罗列死板的理论教条，穿插案例引导、案例分析、思考讨论等多种形式，引导学生思考并理解问题，易学够用。

3. 结构新颖

本书在主题结构的设计上力求能够做到内容生动、体例新颖。

（1）每一个学习情境前设计"开篇案例"，引人入胜，使学生能够很快地进入本情境的学习，更易理解本情境中的工作任务。

（2）每一个任务下有任务分析、任务目标、任务知识、任务实施、任务评价，为学生完成任务提供了分析问题、解决问题的清晰思路，并对教师实施教学活动及对学生活动的实时评价提供参考。

（3）每一个学习情境设有知识技能测试，使学生在学习后可以进行自我检测，也可以作为教师检测教学效果的参考。

4. 配套资源完备

本书配备了内容翔实的教案、教学课件、案例库、习题库等教学资源，方便师生的教学和使用。

感谢河北瑞德管理有限公司赠予的公司的宝贵资料；感谢石家庄信息工程职业学院的领导和同事们给予的大力支持和帮助；感谢清华大学出版社编辑的大力支持和帮助，作者在此表示衷心的感谢。在编写过程中，我们参考和借鉴了众多专家和老师的研究成果，同时也参考和借鉴了大量的国内外企业的经验资料，所有材料尽可能注明出处，但也可能会有遗漏。另外，由于编者能力有限，书中难免存在不足之处，敬请各位专家、老师批评指正。

编　者

Contents 目　录

学习情境五　运用消费心理实施营销策略

认识消费者行为分析课程

>>> **开篇案例**

速溶咖啡为何受到冷落

在社会生活节奏越来越快的今天，人们已经习惯使用省时省力的速溶咖啡。但是，在1950年的美国，速溶咖啡刚刚面市的时候，购买速溶咖啡的人却寥寥无几。为了弄清速溶咖啡滞销的原因，有关人员进行了调查，许多人回答是不喜欢速溶咖啡的味道。这是真正的理由？

通过实验对消费者口味进行测试，大多数消费者不能分辨速溶咖啡和研磨咖啡的味道，显然，不喜欢咖啡的味道，这不是速溶咖啡滞销的真正理由。

速溶咖啡的成分和口味同传统的咖啡毫无差别，而且速溶咖啡饮用方便，无须花长时间去煮，也省去了洗刷器具的麻烦。为了进一步了解消费者不愿意购买速溶咖啡的潜在动机，心理学家海伊尔制定了两张购物单。

购物清单 A	购物清单 B
·土豆泥	·土豆泥
·牛肉	·牛肉
·番茄	·番茄
·速溶咖啡	·咖啡豆
·奶酪	·奶酪

然后把这两张购物单分别发给两组妇女，请被调查人员描述一下按照购物单买东西的家庭主妇是怎样的形象，调查结果如下。

购物清单 A	购物清单 B
·懒惰	·勤劳
·缺乏计划	·有计划
·吝啬	·慷慨
·不称职的家庭主妇	·称职的家庭主妇

结果差异非常显著：绝大多数人冷落速溶咖啡，问题并不在于速溶咖啡本身的味道，而是因为人的观念，当时的社会观念认为，按照含有速溶咖啡的购物单 A 买东西的主妇是一个懒惰的妻子。因为当时，美国妇女中存在这样一种观念，担负繁重的家务劳动如煮咖啡之类是家庭主妇的天职，任何试图逃避或减轻这种劳动的行为都应受到谴责。家庭主妇受社会观念的影响，尽力去保持社会公认的完美形象，而不愿意因为购买速溶咖啡遭到别人的非议。

原因找到之后，生产厂家对速溶咖啡的广告做了调整，不再单纯强调速溶咖啡简便的特点。很快速溶咖啡销路大增，不久便成为西方世界最受欢迎的一种饮料，现在速溶咖啡这种简便饮品已经被人们普遍接受。

资料来源：朱惠文.现代消费心理学[M].3版.杭州：浙江大学出版社，2014.

思考题：

1. 速溶咖啡受到冷落的真实原因？

2. 心理学家海伊尔研究消费者购买速溶咖啡的动机运用了哪种研究方法？

3. 根据调查的结果，试着策划一篇速溶咖啡的广告。

4. 搜集雀巢咖啡的广告语，哪一句是最打动你的？

工 作 任 务　认识消费者行为分析课程

任务目标

知识目标：

1. 知道消费者行为分析的实质和研究内容。

2. 掌握消费者行为分析的研究方法。

3. 了解本课程的整体构架。

能力目标：

能根据消费者行为分析的具体内容选择合适的心理学研究方法。

情感目标：

1. 培养学生学习消费者行为分析课程的兴趣。

2. 培养学生敢于表达的信心和勇气。

任务分析

通过完成此任务的学习，掌握消费者行为分析的研究内容和研究方法，初步认识消费者行为分析课程，培养学习消费者行为分析课程的兴趣。

任务知识

当今中国消费市场生机勃勃，消费者在市场中的地位越来越重要。正是在这种背景下，消费者行为学作为一门新兴的应用类学科，得到了迅速发展和广泛普及。

消费者行为分析是市场营销的重要基础，要做好营销，最基础的就是了解消费者的行为，而要真正了解消费者的行为并不是一件很容易的事。消费者的行为好似复杂的DNA，消费者行为分析就是为了解读或破解消费者行为的密码，并在理论解释的基础上推动其应用。

现代营销观念的核心是以比竞争者更加优质的产品和服务满足消费者的需要，因此，了解和把握消费者行为及其变化规律，成为企业营销决策和制订营销策略的基础，"消费者行为分析"也成为市场营销专业的必修课。

一、消费者行为的研究对象

消费者行为分析是一门研究消费者行为和心理的学科。它主要是研究消费者为获取、使用、处理消费物品所采用的各种行为过程以及在这个过程中消费者的心理活动规律。

消费者指的是以个人的目的购买或使用商品和接受服务的社会成员。消费者行为分析研究的消费特指生活消费。因此消费者行为分析的研究对象是消费者消费过程的规律以及消费心理与营销活动的关系。

二、消费者行为的研究内容

消费者作为个体，必然具有人类的某些共有特征，有共同的认识事物的认识过程，又有不同的兴趣爱好、性格气质、价值观念。同时，消费者作为个体，其购买行为总是在一定的规律的支配和调节下进行的。消费者行为分析的主要研究内容如下。

（一）研究消费者心理活动过程

消费者的行为反映消费者心理，研究消费者的行为就能够分析消费者心理活动过程的规律，通过研究消费者心理活动规律运用适当的营销策略，激发和引导消费者行为。

任何心理活动都有它产生、发展和完成的过程，这些过程包括认识过程、情感过程和意志过程。同样，消费者从进入商店之前到把商品买去使用的整个过程，一般来说也存在着对商品的认知过程、情感过程和意志过程。消费心理学通过研究每一过程的发生、发展和表现形式等规律性以及三个过程之间的联系，如图1-1所示，可以发现消费者行为中包含的心理现象的共性。

图1-1　消费者心理活动过程

（二）研究影响消费者行为的影响因素

▶ **1. 消费者的个人性格气质特征**

人们在兴趣、能力、气质、性格等方面反映出来的个人特点和相互差异，是形成消费者不同购买动机、购买方式、购买习惯的重要心理基础。通过研究消费者的个性心理特征，可以进一步了解产生不同消费行为的内部原因，掌握消费者的购买行为和心理活动规律，了解社会消费现象，预测消费趋向，为制订生产、经营战略和策略服务。

▶ **2. 消费群体**

消费者因个性特征存在差异，其消费行为存在差异，但人类社会的群体性，年龄、性别的群体内人与人之间的消费活动又有相同之处。

▶ **3. 社会因素**

消费者的行为不仅受到内部因素的影响，还受到所处的社会历史条件的制约和社会因素的影响。只有从社会因素对影响的角度来研究消费者行为的规律，才能为科学的解释消费者的行为提供依据。影响消费者行为的社会因素有社会文化、社会阶层、民族、集体、宗教、家庭等。

（三）研究消费者的购买决策过程

在一系列的环境和要素构成的消费者购买行为过程中，居于核心地位的是购买方案的选择、判断和决定，即消费者的购买决策。消费者的购买决策过程包括认识需要、搜集信息、分析评价、决定购买、购后感受五个过程，研究消费者的购买决策过程会对其消费行为的发生及其效果具有决定性的作用。

（四）研究消费行为与市场营销的双向关系

不同的消费品市场以不同的消费者群为对象，不同的消费者群对消费品市场也有不同的心理需求。企业的营销策略，会影响消费者心理的产生和发展；反之，不同消费者的心理特点，又会对市场营销提出特定的要求。因而，消费者心理与市场营销存在着双向关系。成功的市场营销活动，应该是能够适应消费者心理要求和购买动机的营销，也是能够适应消费者心理变化而行之有效的营销方法。因此，消费心理学的研究既包括影响消费者的各种个体因素和社会、政治经济因素的研究，又包括商品生产设计、商品定价、商品广告、商店橱窗设计和服务营销等如何适应消费者心理需求的研究。

三、消费心理学研究意义

随着我国社会主义市场经济体质的逐步建立和社会生产力的不断发展，消费品市场迅速发育，"买方市场"已经形成，消费者的消费水平、结构、观念和方式等都发生了很大的变化，这就要求我们的企业及有关的学者要关注消费者心理与行为的研究，随时把握我国消费者心理与行为的变化动态，更好地为经济建设服务。在现阶段，加强对消费心理学的研究，具有更为重要的现实意义。

（一）有助于提高和改善企业的经营管理水平

市场经济的性质决定了企业必须面向市场、面向消费者。消费者心理与行为的变化，将引起市场的变化，影响企业的生产与销售。因此，作为企业，必须认真地分析了解消费者的消费心理及其规律，在此基础上，合理制订营销战略和市场营销组合策略，有效地调节商品的数量、品种、款式等，最大限度地满足消费者的需求。只有加强对消费者心理与行为的研究，根据消费者心理活动的特点与规律，组织企业的营销活动，才能不断满足消费者需要，取得较好的经济效益。

（二）有助于提高企业的服务质量和服务水平

在消费过程中，消费者不仅想购买到称心如意的商品，还想得到周到热情的服务，得到一种购物的精神享受。消费心理学可以指导企业对员工进行改善服务质量、提高服务水平等技巧方面的培训，从而使消费者得到良好的服务，以提高消费者的满意度。

（三）有助于全方位满足消费需求，指导消费者进行科学消费

随着社会生产力的提高，科学技术的飞速发展，大量新产品不断问世，许多消费者在购物时难以做出正确合理的选择。加之长期以来，由于我国消费心理学知识传播与普及几乎未开展，消费者不知怎样科学地进行消费决策；由于对商品不了解、认知水平偏差、消费观念落后等因素造成消费盲目、效果较差甚至利益受损现象随处可见；由于消费者心理的不成熟、不稳定，某些畸形消费心理与行为在部分消费者中也时常可见。因此，加强消费心理的研究，对于消费者树立正确的消费观念，改善消费行为，实现科学、文明消费，具有重要的意义。

（四）有助于企业开拓国际市场，增强企业和产品的国际竞争力

随着我国市场经济的发展及全球经济一体化趋势的加强，特别是我国加入 WTO 以来，我国越来越多的企业参与到国际市场竞争中，这就要求我们了解其他国家、地区、民族的消费者在消费需求、习惯、偏好等方面的特点，制订正确的国际市场营销策略，迎合有关国家特定消费者的心理，从而在激烈的国际市场竞争中立于不败之地。因此，加强消费者心理与行为的研究，对于我国企业开拓国际市场、增强国际竞争能力，也是非常必要的。

（五）有助于正确理解营销观念的变革，更好地运用 4C 理论开展营销活动

传统的营销理论，分别指的是产品（product）、价格（price）、渠道（place）、促销（promotion），简称 4P 理论，强调企业只要围绕 4P 制订灵活的营销组合，销售就有了保证。随着经济的发展，市场营销环境发生了很大的变化，消费的个性化、人文化、多样化特征日益突出，传统的 4P 已经不适应新的情况。美国市场营销专家劳特朋曾于 20 世纪 90 年代提出，用新的 4C 理论取代 4P 理论，4C 理论的主要内容是顾客（customer）、成本（cost）、便利（convenience）、沟通（communication）。

因为随着竞争的加剧，企业逐渐认识到消费者是经营活动的核心，企业重视顾客要甚于重视产品；企业界对价格的定义，已从过去有厂商的"指标"价格，转换成了消费者的"接受"价格，新的价格模式是

$$消费者接受的价格－适当的利润＝成本上限$$

4C 理论强调提供给消费者的便利比营销渠道更重要，便利应贯穿于营销的全过程；企业应用沟通取代促销，重视积极地与顾客沟通，增进情感，遵循"互利的交换与承诺的实现是同等重要的"等规律。因此，只有研究消费心理学，并运用消费心理学的原理来分析问题、解决问题，才能正确理解现代市场营销观念的转变，并根据消费者的心理来制订营销策略。

四、消费者行为分析的研究方法

消费者行为分析的常用研究方法主要有三种：观察法、调查法和实验法。

（一）观察法

观察法是研究者通过感官或借助于一定的科学仪器，在一定的时间内，有目的、有计划的观察消费者的议案、行动、表情等行为，并把观察结果记录下来，分析其内在联系，进而把握消费者行为、心理规律的方法。

观察法是有目的、有计划地，是以研究消费者行为、心理活动的规律为目的。儿童心理学之父，普莱尔的第一本著作就是对他自己的孩子进行长时间的观察写成的。皮亚杰的临床法也是起源于观察法。对于消费者行为分析学科而言，从观察中获取的数据非常多。

根据观察数据的来源，可以将观察法分为以下几种。

▶ **1. 直接观察**

就是研究人员进入现场以视听为主，对消费者的行为进行观察，此时消费者并未意识到，研究者只是观察基本情况并记录备案。如一段时间的客流量、顾客在各柜台前逗留的

时间、各组的销售情况、顾客的基本特征，或消费某一品牌的顾客有什么特征、售货员的服务态度等。

▶ **2. 仪器观察法**

用各种电子仪器设备对消费者进行心理调研，如在广告后面安装一个隐形的摄像机，摄下顾客看广告时眼睛的注意范围，以便对顾客注意更多的地方加以研究。

▶ **3. 痕迹测量法**

不是直接观察消费行为，而是根据消费痕迹进行观察。如饮料公司为了分析消费者的口味与爱好，采用去垃圾回收站，看哪种空饮料瓶更多，以便进行统计。

观察法的优点就是直观，材料一般比较真实，因为是在消费者不知情的情况下进行的观察，消费者没有任何心理压力，行为的表现是自然流露，所以通过观察所获得的资料也比较客观、真实和可靠。另外，观察法也比较简单易行，花费比较低廉。

观察法的缺点表现在以下几个方面。

（1）比较被动，在进行观察时，观察者只能被动地等待所要观察的事件出现。

（2）观察法比较片面与局限，在事件出现时，观察者所能观察到的只是消费者如何从事活动，并不能得到消费者为什么从事这项活动以及当时的内心活动等资料。如在商场观察消费者的步态与目光时，主要有三种表现：①脚步紧凑，目光集中，直奔某种柜台；②步履缓慢、犹豫不决，看商品时若有所思；③步态自然，神情自若，随意浏览。上述三种表现说明进店顾客大致有三种：买者、可能买者、逛客。但只是观察这些人还不能推算出顾客真正的购物概率，因为在消费者的行为中，还有很多偶然因素，如一个步履匆匆跑去买一种商品的消费者发现此商品质量不如以前了，或者不如别人介绍得好了，因此，他可能放弃购买，而一个逛客无意中看到一件商品很合适，也可能发生购买行为，所以说，观察法具有些局限性。

（二）调查法

调查法是指在市场营销活动中，通过问卷、面谈等方式，向被研究者提出问题，并让其予以回答，从中了解被研究者心理的方法。例如，调查消费者的购买动机、调查消费者对某种消费品的态度等。

在调查法中，运用最广泛的是问卷调查法。例如，宝洁公司在研究消费者对碧浪洗衣粉的态度的调查研究中，调查的问题有：

1. 你喜欢宝洁公司的产品吗？A. 喜欢 B. 不喜欢；

2. 你知道有碧浪洗衣粉吗？A. 知道 B. 不知道；

3. 你买过碧浪洗衣粉吗？A. 买过 B. 没买过。

再如，你对伊利牛奶的看法是：很喜欢、比较喜欢、中等程度、比较不喜欢或者很不喜欢。通过大量类似的题目来研究消费者的心理，这是研究消费者行为的常用方法。

调查法的优点是：可以同时取得很多资料，简便易行，但其费用过高，而且会出现由于种种原因，答卷者不能如实、准确地填写问题，所以在使用过程中，要与其他方法结合，共同分析，以便验证调查结果。

（三）实验法

实验法是指对研究的某些变量进行操纵和控制，设定情境，以探讨消费者的消费规律。

实验法包括实验室实验法和自然实验法。

▶ 1. 实验室实验法

实验室实验法就是在实验室里借助各种仪器进行研究，如用眼动仪测量消费者对广告的精确眼动过程，从而制订广告策略；再例如，消费被带到实验室以后，请他看电视上的广告节目，然后测量他能记住多少，或者研究能被他记住的广告有什么特征。实验室实验控制严密，结果一般比较准确，但比较机械，只适宜研究较简单的心理现象。对消费心理学强调的生态研究、自然研究，要进入消费场所进行研究更合理，更有效。所以，我们一般不采用实验室实验，取而代之的是自然实验法。

▶ 2. 自然实验法

自然实验法是指在企业日常的营销环境中，有目的地创造或变更某些条件，给予消费者一定的刺激或诱导，从而观察消费者心理活动的表现的方法。如在企业营销环境中，有目的地创造某些条件或变更某些条件，来探讨消费者的消费心理，如测量包装设计、价格、促销意图或广告方案等变量对消费者的吸引力。同一时间操纵一个变量，同时其他因素都保持不变。自然实验可研究消费者对于价格、广告、包装设计等的消费吸引力来探明因果关系。

 案例

咖啡杯的颜色

日本三叶咖啡店，有一次请了 30 名消费者喝咖啡。他们先后端出四杯浓度完全相同，而咖啡杯颜色不同的咖啡，请这 30 人试饮。结果是：当用咖啡色杯子喝时，有三分之二的人评论"咖啡太浓了"；用青色杯子喝时，所有的人异口同声地说："咖啡太淡了"；当用黄色杯子喝时，大家都说："这次咖啡浓度正合适，好极了"；而最后端上用红色杯子盛的咖啡时，十人中有九人都认为"太浓了"。

根据这一调查，三叶咖啡店把店里的杯子一律改用红色，借助于颜色，既可省料、省成本，又能使大多数顾客感到满意。

实验法的研究结果更精确。人为的控制一些变量，只保留一个或几个变量，如果结果出现显著性差异，则差异的来源就是保留的那几个变量。所以，实验法是目前消费心理学的一种研究趋势。但实验法的组织程序较为复杂，而且要求更为严格，未经过专业培训的人不容易掌握。

任务实施

步骤 1：组建学习团队，以学习团队为单位，按照每个项目的任务要求，通过分工协作，独立制订计划并实施计划，完成项目任务。每个小分队 6～8 人，可自由结组，优势互补；小组内保证必须男女皆有；每个小组在完成任务过程中，保持成员不变；小组成员在不同的任务中要承担不同的角色，进行角色轮换。

步骤2：以小组为单位学习，探讨消费者行为分析的研究内容和研究方法。

步骤3：以小组为单位，完成表1-1。

步骤4：每组派代表就任务完成情况进行汇报。

步骤5：教师、企业专家、学生代表三方组成的成绩评定团进行评价。

表1-1 购房者心理分析项目简表

题 目	××楼盘购房者购买行为研究		
单 位	××地产公司	时 间	
对 象	××楼盘已售出楼盘客户		

研究内容

1. 心理活动过程研究

问题1：

问题2：

2. 购买动机研究：

问题1：

问题2：

3. 购买态度研究

问题1：

问题2：

4. 营销因素对购房者的心理影响研究

问题1：

问题2：

小组成员：

参照表1-2"购房者心理分析项目"任务评价表，对学生任务完成情况进行评价。

表1-2 "购房者心理分析项目"任务评价表

评价内容	评价标准		权重/%	得 分
资料收集整理	资料	内容相关	10	
		类型全面	10	
	操作	程序完整	10	
		操作规范	10	

续表

评价内容	评价标准		权重/%	得　分
书面分析项目	内容	条理性	10	
		完整性	15	
		可行性	15	
		创新性	10	
	格式	规范性	10	
合计				

知 识 技 能 测 试

一、单项选择题

1. 消费心理学研究中最常用、最方便使用的研究方法是（　　）。

A. 观察法　　　　　B. 访谈法　　　　　C. 调查法　　　　　D. 问卷法

2. 某饮料公司去垃圾回收站进行统计，看哪种空饮料瓶更多，以便分析消费者的口味与爱好，该饮料公司采用的调查方法是（　　）。

A. 直接观察法　　B. 仪器观察法　　　C. 痕迹测量法　　　D. 实验法

3. 研究者通过感官或借助于一定的科学仪器，在一定的时间内，有目的、有计划地观察消费者的议案、行动、表情等行为，并把观察结果记录下来，分析其内在联系，进而把握消费者行为、心理规律的方法是（　　）。

A. 观察法　　　　　B. 抽样法　　　　　C. 问卷法　　　　　D. 访谈法

4. 在广告后面安装一个隐形的摄像机，摄下顾客看广告时眼睛的注意范围，以便对顾客注意更多的地方加以研究的方法是（　　）。

A. 直接观察法　　B. 仪器观察法　　　C. 痕迹测量法　　　D. 实验法

5. 在市场营销活动中，通过问卷、面谈等方式，向被研究者提出问题，并让其予以回答，从中了解被研究者心理的方法（　　）。

A. 观察法　　　　　B. 测量法　　　　　C. 调查法　　　　　D. 实验法

6. 一个人作为消费者的时候，他的所思所想是（　　）。

A. 消费行为　　　　B. 消费心理　　　　C. 消费过程　　　　D. 消费习惯

7. 消费者对作用于感观的客观事物整体、全面的直接反映是（　　）。

A. 感觉　　　　　　B. 知觉　　　　　　C. 想象　　　　　　D. 思维

二、多项选择题

1. 消费者购买商品的心理活动过程包括（　　）。

A. 认识过程　　　　B. 情感过程　　　　C. 意志过程　　　　D. 选择过程

2. 消费者行为的研究内容是（　　）。

A. 研究消费者心理活动过程　　　　　B. 研究影响消费者行为的影响因素

C. 研究消费者的购买决策过程　　　　D. 研究消费行为与市场营销的双向关系

3. 消费者行为分析常用的研究方法是（　　）。

A. 观察法　　　　　B. 调查法　　　　C. 实验法　　　　D. 抽样法

4. 消费者可以充当的角色是（　　）。

A. 需求者　　　　　B. 使用者　　　　C. 生产者

D. 购买者　　　　　E. 供应者

5. 消费者行为和消费者心理的关系叙述正确的是（　　）。

A. 消费者的行为反映了消费者的心理活动

B. 研究消费者的行为就能够分析消费者心理活动过程

C. 消费者的行为和消费者的心理没有必然的因果关系

D. 通过研究消费者心理活动规律运用适当的营销策略能够激发和引导消费者行为

引导消费者心理活动过程

>>> **开篇案例**

"感觉营销"打动了我

星巴克诞生于1971年，当时只是西雅图的一家咖啡小店，现在星巴克已经发展成为全球最大的咖啡连锁店品牌，在欧洲、北美和南太平洋有近万家星巴克店，平均每周有超过 10 000 万人在店内消费。目前，星巴克是唯一一家把店面开遍四大洲的世界性咖啡品牌。1999年，星巴克进入北京，短短几年时间，星巴克已将自己的品牌名称变成了一个时尚代名词，同时也成为国内咖啡行业的第一品牌。

星巴克咖啡成功于它的"情感营销"。在中国，星巴克咖啡所代表的意义已经不再是一杯简单的咖啡。在星巴克咖啡店，顾客除了品尝咖啡之外，还可以听到数码唱片，甚至可以从商店的电脑数据库中选择自己喜欢的音乐播放。星巴克咖啡逐渐变成当代人尤其是年轻人朋友谈心、情侣约会、个人享受的优雅场所。

对于咖啡这种同质化严重的产品来说，星巴克的成功更多的是把咖啡消费与环境体验和享受氛围极好地融合在一起。在一项调查中，有消费者指出他们分不出星巴克咖啡的味道和其他咖啡店的有什么不同，之所以到星巴克是喜欢那里的风格和气氛。

星巴克定位于除去家庭和办公室之外的第三好去处，对于忙于工作的现代人，星巴克咖啡就是现在生活的绿洲。在星巴克，你可以一个人、也可以跟朋友或家人一起，听听店里的音乐，透过巨大的玻璃窗，看着人潮涌动的街头，轻轻啜饮一口香浓的咖啡，体验温暖、愉悦的气氛，这非常符合城市生活的情感体验。由此，产品的超值利润自然得到实现。

所谓"情感营销"，就是企业以产品或者服务为载体，通过心灵的沟通和情感的交流，赢得消费者的信赖和喜爱，从而使其产生购买欲望，从而达到营销目的的一种营销方式。

情感营销的关键在于把消费者个人的情感差异和需求作为企业品牌营销战略的核心。通过借助情感包装、情感促销、情感广告、情感口碑、情感设计等策略来实现企业的经营目标。

越来越多的企业和商家认识到"情感营销"的巨大作用，正尝试通过各种手段影响消费者的情感。细心留意电视、报纸上的广告，可以发现，不断强化"孝敬爸妈"理念的保健品，注重的是与长辈的感情沟通；强调纯天然、无添加剂防腐剂的化妆品，传递的是一种"放心"的心理舒适感；"感动常在"的数码相机，放大的是人们记录生活美好时光的情感需求。

思考题：

1. 分析星巴克咖啡的成功之处在哪里？

2. 试分析在购买过程中影响消费者情感的因素有哪些？

3. 分享你身边成功的情感营销案例？

工作任务一　引导消费者认知商品

任务目标

知识目标：

1. 认识消费者的心理活动过程。

2. 掌握消费的认知心理过程。

3. 理解感觉、知觉、记忆、想象、联想、思维等心理活动及其特征。

能力目标：

1. 能够分析消费者消费的心理过程。

2. 能够运用知觉的特征进行营销活动。

情感目标：

培养学生自主学习、团队协作及创新意识。

任务分析

通过完成此任务的学习，引导学生认识消费者消费的心理活动过程，掌握消费者的认知心理过程，理解消费者的感觉、知觉、记忆、想象、联想、思维等心理活动及其特征，并且能够在市场营销活动中灵活运用。

任务知识

心理活动是消费者行为的基础，是影响其行为诸因素中的首要因素。消费者在寻找、购买和使用商品与劳务的过程中，随时随地受到各种心理机能或心理要素的支配。其中，某些带有共性的心理机能或要素彼此联系、相互依赖，共同作用于消费者行为的始终，由此构成一个统一的心理过程。消费者心理过程的实质是客观现实在消费者头脑中的动态反映。依照反映的形式和性质不同，这一过程又可具体分为认知过程、情感过程和意志过程三个部分，研究消费者的心理活动过程，有助于企业掌握消费者的共性心理规律，开展营销活动。

消费者购买行为的心理活动，是从对商品的认知过程开始的，这一过程构成了消费者对所购买商品的认识阶段和知觉阶段，是消费者购买行为的重要基础。在这里，认知过程指的是消费者对商品的个别属性（如形状、大小、颜色、气味等的各个不同感觉）相互间加以联系和综合的反映过程。在这一过程中，消费者通过自身的感觉、记忆和思维等心理活动，来完成认知过程的全部内容。

一、消费者的感觉

（一）感觉

消费者的感觉过程，是指商品直接作用于消费者的感官、对消费者加以刺激而引起的过程。在这一过程中，消费者获得有关商品的各种信息及其属性的材料，如厂牌、商标、规格、用途、购买地、购买时间和价格等，是消费者接触商品的最简单的心理过程。

感觉是人们对客观事物认识的一种简单形式，这种认识是个别的、孤立的、表面的，是一种简单的心理现象，也是一切复杂心理活动的基础。因此，仅仅通过感觉很难对产品做出全面的判断。但是只有以感觉为基础，消费者才能获得对产品各种属性的全面、深入的认识。

（二）感觉的基本规律在营销中的应用

▶ 1. 感觉通路

在购买行为中，消费者借助于触觉、视觉、味觉、听觉和嗅觉等感觉通路来接受有关商品的各种不同信息，并通过神经系统将信息感觉传递到神经中枢，形成对商品个别属性的反映。

有关研究表明，在感觉的所有外部通路中，视觉是人们获取信息的最主要通路，85％的信息通过视觉取得，10％左右的信息通过听觉取得，其余的则通过其他通路取得。引起视觉感觉的主要是大小、形状和色彩。

消费者在选择商品时，消费者倾向于选择外包装较大的产品，所以营销者把包装尽量设计成长方形，因为，视觉对面积的大小判断会受形状的影响，一般人会觉得长方形的面积比同样大小的正方形的面积比要大。

色彩也是影响购买的极为重要的因素。色彩分为暖色调（红、黄、橙）和冷色调（绿、蓝、紫）。色彩心理学家发现，暖色通常激发活跃和兴奋，而冷色则令人抚慰和平静。另外，更深、更浓的色彩（色彩饱和度高）和更暗的色彩比浅色和亮色更容易激发兴奋。例如，在医院或者疗养院，冷色调更加合适，医院里蓝色和绿色可以减轻病人的焦虑；而在快餐店或健身俱乐部，暖色常常是较好的选择，快餐店里橙色装饰可以引发饥饿感；不同社会阶层在颜色偏好上存在较大差异，流行、明亮的色彩总是用来吸引年轻人和低端市场，深色（如茶色）则向来可以吸引高端市场。

触觉对购买心理和行为也有极端重要的影响。调查结果显示，很大比例的消费者喜爱某些产品是因为接触它们时的感觉。有些消费者购买润肤霜或者婴儿护肤品是因为享受那种抹在皮肤上轻柔的感觉。消费者在传统商店挑选衣服而不是通过网上购买，是因为他们喜欢触摸和检视。

 案例

可口可乐的曲线瓶

可口可乐品牌价值与形象识别，作为当今世界的第一品牌，可口可乐无疑是相当成功的。从1886年开始销售至今经历了122年，凭借百年来在世界范围内所塑造的形象和声誉，成为当今最具号召力的品牌之一。研究可口可乐，你会发现它的成功，可以在每一个环节上面找到答案。

从视觉形象和产品差异化的角度来看，可口可乐的经典形象设计——曲线瓶。可口可乐公司采用亚历山大·山姆森设计的曲线瓶子,这种瓶子的中下部是扭纹型的,如同少女穿的条纹裙子;瓶子的中段则圆满丰硕,如同少女的臀部。此外,由于瓶子的结构是中大下小,当它盛装可口可乐时,给人的感觉是分量很多的。

这个曲线形的产品包装形象设计,基本奠定了消费者心目中可口可乐不可替代的视觉形象。如同可口可乐的名称一样,成为碳酸饮料行业中最生动而直观的代名词。

▶ **2. 感受性和感觉阈限**

感受性指感觉器官对刺激物的主观感受能力,它是消费者对商品、广告、价格等消费刺激有无感觉、感觉强弱的重要标志。感受性通常用感觉阈限的大小来度量,感觉阈限指能引起感觉的最小刺激量。一般来说,感觉阈限值越低,感受性就越大;感觉阈限值越高,感受性就越小,两者成反比关系。消费者的每一种感觉都有两种感受性,即绝对感受性和相对感受性。

1) 绝对感受性

在消费活动中,并不是任何刺激都能引起消费者的感觉,如要产生感觉,刺激物就必须达到一定的量。那种刚刚能够引起感觉的最小刺激量,称为绝对感觉阈限。对绝对感觉阈限或最小刺激量的觉察能力,就是绝对感受性。绝对感受性是消费者感觉能力的下限,凡是没有达到绝对感觉阈限值的刺激物,都不能引起感觉。例如,电视广告的持续时间若少于 3 秒钟,就不会引起消费者的视觉感受。因此,要使消费者形成对商品的感觉,必须了解他们对各种消费刺激的绝对感受性和绝对感觉阈限值,并使刺激物达到足够的量。

2) 相对感受性

在刺激物引起感觉之后,如果刺激的数量发生变化,但变化极其微小,则不易被消费者察觉。只有变化达到一定程度时,才能引起人们新的感觉。例如,一种商品的价格上涨或下降 1%～2% 时,消费者可能毫无察觉。但如果调整幅度达 10% 以上,则会立刻引起消费者的警觉。这种刚刚能够觉察的刺激物的最小差别量,称为差别感觉阈限。而人们感觉最小差别量的能力即差别感受性。差别感觉阈限与原有刺激量的比值为常数,与差别感受性成反比。即原有刺激量越大,差别阈限值越高,差别感受性则越小,反之,亦然。

了解消费者对不同商品质量、数量、价格等方面的差别感受性,对合理调节消费刺激量、促进商品销售具有重要作用。例如,一台等离子彩电价格上调三五十元乃至上百元,往往不为消费者注意;而粮油、煤气涨价幅度还未超过一元就引起市民的强烈感知。在有关价格升降幅度与消费者感知的研究中发现,零售商需要削价 15% 才可能获取成功,较低的价格调整是难以引起顾客察觉的。价格的差别阈限还与商品总价有关,价格越高差别感觉阈限也越高,此时提价的幅度应控制在低于差别阈限的范围内,而降价幅度却应达到或超过差别阈限,以使得消费者可以感觉到前后的变化。企业制订产品价格或在广告中需强调价格优势、削价促销时,应首先测出消费者的差别阈限,方可能实现对价格信息的有效传播。

需要注意的是人的感受性、感觉阈限无论是绝对的还是相对的,都是有差异的,这与人的感觉器官功能存在差异或某些人对自己的感觉器官进行锻炼有关。某些年龄偏大的人感觉器官的功能会下降,而从事特殊工作的人某些感觉器官的感受性超过普通人。如飞行员的视觉受性比一般人好，乐队指挥能分辨出某个乐手演奏时的轻微失误，优秀售货员张秉贵能按消费者购买糖果的重量，用手一把抓出分毫不差。这些本领有的是先天的，有的是长期实践的结果。

▶ 3. 感觉适应

感觉适应是指由于刺激物对感受器官的持续作用，使感受性发生变化，从与外界环境不协调到协调的过程。感觉适应可以使感受性提高，也可以使感受性降低。一般情况下，长期接受同类刺激，则对这种刺激感受性降低，感觉迟钝，而对其他刺激却会十分敏感。如人们常说"糖吃多了就不知道蜜甜"，这是味觉的适应。古人云："入芝兰之室，久而不闻其香；入鲍鱼之肆，久而不闻其臭。"这是嗅觉的适应。当你因为迟到而进入电影放映场时，最初感觉十分黑暗，寻找自己的座位很困难，但过了一会儿就会渐渐适应，能看到一排排的座位，这是视觉的"暗适应"，暗适应是视觉感受性的提高。夏天室外温度很高，当人们离开空调房间时，会感到热气逼人，似乎走近一只火炉，但过一段时间，热的感觉会有所缓解，这是对温度的适应。生活中常发生的"骑驴找驴"的现象，是触觉适应的结果。正是由于人的感觉具有适应性的特征，所以消费者对时兴的产品往往最初有新鲜感，但时间长了，接触多了，对这种产品也就习以为常了，就不会再感到它有什么吸引力了。这就要求厂家不断推出与目前市场上的商品不同的新产品，使消费者产生新的感觉，激起消费者新的购买愿望，才能为企业创造新的商机。

▶ 4. 感觉的对比

感觉对比指的是同一感觉器官在接受不同刺激时会产生的感受性变化。感觉对比包括同时对比和继时对比。不同刺激同时作用于同一感受器时，便产生同时对比。例如，一个灰色方块放在黑色背景上比放在白色背景上看起来亮些。"月明星稀"也是感觉同时对比的结果。不同刺激先后作用于同一感受器时，便产生继时对比。例如，吃了糖果后再吃苹果，会觉得苹果是酸的。

▶ 5. 不同感觉的相互作用

读过《三国演义》的人都知道，关云长在攻打樊城时，右臂上中了毒箭。华佗需用尖利之器割开他的皮肉，直至于骨，刮去毒药，方能治愈。而当时并无麻醉药，原来华佗打算用一木柱，钉上大环，将关云长之手臂穿于环中，用绳缚住而后手术。关云长却不愿如此，他一边饮酒，一边与马良弈棋，伸臂让华佗割之，直至刮骨有声。关云长饮酒食肉，谈笑弈棋。华佗惊云："君侯真乃天神也！"

这个故事读来有些夸张，却符合感觉相互作用的规律。从表面看，身体上的五官似乎是互不相干的，各自执行自己的功能，各自向大脑传递着视觉、听觉、嗅觉、味觉和身体感觉的信号。但实际上，不同感官之间会发生相互作用，促进或干扰其他感官的感觉功能。不同感觉的相互作用一般表现出这样的规律：对一个感受器的微弱刺激能提高其他感受器的感受性，而对一个感受器的强烈刺激会降低其他感受器的感受性。华佗开刀刮骨时，关云长注意力集中于饮酒、食肉，视觉器官集中于棋盘，思维集中于棋路，自然减轻了伤口疼痛的感觉。心理学家发现，声音在减轻疼痛方面有明显的作用。在牙科手术中，给病人戴上耳机，让病人通过耳机听音乐，或产生一种相当大的瀑布似的噪声，结果发现在音乐或噪声的环境条件的作用下，有 65％原来需要局部麻醉的病人疼痛感觉完全消失，这就是听觉对痛觉的干扰作用。在生活中，品尝美味佳肴需要嗅觉、味觉器官的共同作用，我们才能真正得到一种享受，但当你伤风感冒，鼻子不通气时，单单依靠舌头来品尝时，再好吃的东西也会味同嚼蜡，大为逊色；而进餐时赏心悦目的各色菜肴会使人的味觉感受增强；在优雅柔和的音乐声中挑选商品，对色泽的视觉感受力会明显提高。

▶ **6. 联觉**

对一种感官的刺激作用触发另一种感官的感觉的现象，被称为"联觉"。最常见的联觉是"色—温"联觉，即对色彩的感觉能引起相应的温度觉。例如，红、橙、黄色会使人感到温暖，所以这些颜色被称作暖色；蓝、青、绿色会使人感到寒冷，因此这些颜色被称作冷色。热带国家某快餐店的墙壁原为淡蓝色，给人以凉爽宁静的感觉，消费者浅斟慢酌，流连忘返，影响了餐桌周转率。后来店主将墙壁刷成橘红色，消费者进店后感到燥热不安，吃完饭立刻离去，从此餐桌周转率明显提高。可见，巧妙运用联觉原理，可以有效地对消费者行为进行调节和引导。英国一家公司根据人的嗅觉位于大脑的情感中心，气味可以通过情感中心的直接通道对人的态度和行为产生强烈影响的原理，专门为商店提供可以给人带来宁静感的气味，以便诱使消费者延长停留时间，产生购买欲望。

当企业要向消费者传递某种信息时，要尽可能使消费者集中注意力来感受你发出的信息，尽可能排除其他信息的干扰，否则会降低效果。另外，要使消费者接受新信息，应减轻原来信息的影响，根据感觉相互作用的规律启示，可以通过改善购物环境，来适应消费者的主观状态，从而激发起购买欲望。

二、消费者的知觉

（一）知觉

知觉是人脑对客观事物各种属性和各个部分的整体反映，它是对感觉信息加工和解释的过程。例如，我们感觉到苹果的形状大小、颜色、滋味、香气、平滑、硬度等，在综合这些方面的基础上构成了我们对"苹果"的整体的映象，这就是我们对苹果的知觉。

在这一过程中，消费者在头脑中形成了对商品的完整形象，从而对商品的认识更进了一步。当然，在日常生活中，消费者对商品从感觉到知觉的认识过程，在时间上几乎是瞬间或同步完成的。研究表明，消费者凭借表象喜欢某一事物主要是知觉的作用。例如，精美的包装、漂亮的广告图片、优美的商品造型等都会引起消费者的好感，增加购买欲望。

（二）知觉的特征及其在营销活动中的应用

知觉是综合的、有理解力的认识活动，它具有多种特征，同消费者心理活动的各个方面都有联系，因而对我们研究市场策略有重要意义。

▶ **1. 知觉的选择性**

人们在进行知觉时，常常在许多对象中优先把某些对象区分出来进行反映，或者在一个对象的许多特性中，优先把某些特性区分出来予以反映，这说明知觉的客体是有主次的。这里的"主"是指知觉的对象，"次"是不够突出或根本没被注意到的背景。知觉的选择性依赖于个人的兴趣、态度、需要以及个体的知识经验和当时的心理状态；还依赖于刺激物本身的特点（强度、活动性、对比）和被感知对象的外界环境条件的特点（照明度、距离）。

小测试

在图 2-1 和图 2-2 中，你看到的是什么图案，与其他人看到的图案相同吗？为什么？

图 2-1　图案 1　　　　　　　　图 2-2　图案 2

知觉的选择性帮助消费者确定购买目标，主要是由于购买目标成为符合他们知觉的对象物。而其他商品则成为知觉对象的背景，或者没有注意到，或者感知得模模糊糊。知觉的选择性特点可以运用于商业设计中的许多场所。比如，我们为突出某一类商品的形象，吸引消费者对它的注意，可以利用消费者的注意活动的心理特点，尽量隐去商品的背景布置，使商品的形象更加醒目。为了突出一些名贵商品的价值也可以在商品的背景中，衬以非常豪华及特殊的包装品，吸引消费者的注意。

▶ 2. 知觉的理解性

人们在感知客观对象和现象时，能够根据以前已获得的知识和经验去解释它们，即知觉的理解性。根据这一特点，企业在广告中要针对购买对象的特性，在向消费者提供信息时，其方式、方法、内容、数量必须与信息接收人的文化水平和理解能力相吻合，保证信息被迅速、准确地理解、接收，否则就会劳而无获。

例如，某种商品创出名牌后，使用同一商标的系列产品或其他产品也会获得消费者的好感，反之亦然。娃哈哈的统一品牌策略，每一种新产品都使用娃哈哈商标，基于人们对娃哈哈品牌的认知，所以能很快地接受娃哈哈的新产品并给予信任。

例如，有一家百货商店新进了一批刻花玻璃高脚酒具，造型与质量均佳。但不知什么原因，摆上柜台后一直销路不畅，平均每天只能卖出二三套。后来，一位营业员灵机一动，在一套酒具的每个酒杯中斟满了红色的液体，摆在玻璃柜内，宛如名贵的葡萄酒，使人感到芬芳四溢、满口生津，购买欲望油然而生，结果每天销售量增加到三四十套。实际上，那位营业员只是把三滴红墨水滴在了清水中。这里，消费者把酒具与酒以及美好的口感联想为一体，进而增强了对酒具的购买欲。

▶ 3. 知觉的整体性

知觉的整体性是指人并不把知觉对象的不同属性、不同部分视为孤立无关的，而是把它作为一个统一的整体来反映。知觉整体性主要体现为接近律、相似律、连续律、闭合律、好图形律。

知觉的整体性特征告诉人们,具有整体形象的事物比局部的、支离破碎的事物更具有吸引力和艺术性。因此在广告图画设计中,把着眼点放在与商品有关的整体上比单纯地把注意力集中在商品上,效果更为突出。

▶ **4. 知觉的恒常性**

当知觉的条件在一定范围内发生改变时,知觉的映象仍然保持相对不变,这就是知觉的恒常性。例如,对过去认识的人,决不会因为他的发型、服装的改变而变得不认识;一首熟悉的歌曲,不会因它高八度或低八度而感到生疏,或因其中个别曲子走调,就认为是别的歌曲。

▶ **5. 错觉**

知觉的误差即"错觉"。生活中常见的错觉有:当人心情急切时就有"一日三秋"的时间错觉;夜晚赏月时产生的"月动云静"的运动错觉;空间狭小的店铺可以在墙上挂一面镜子,让人产生宽敞明亮的感觉。

思考: 在图 2-3 中,你看到的两条线是平行线吗?为什么?

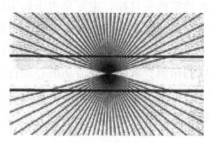

图 2-3　图案 3

其实这种错觉并不都是坏事。生产经营者若能合理巧妙地利用人们的错觉,有时能在市场经营中收到良好的效益。商店狭长拥挤,在墙面上镶上镜子,便会让人感觉整个营业厅加宽一倍;副食品店在水果糕点柜台上方斜置镜子,使商品显得丰富;向身体矮胖的顾客推荐深颜色、竖条纹服装,会让他看起来更苗条;向脸型大而圆的顾客推荐 V 领口的衣服;把价格定位 99 元而不是 100 元,会让顾客觉得还不到 100 元,便宜。

"举个栗子"利用错觉巧营销

"举个栗子"是石家庄一家由"90 后"组建的创业团队的自主创业品牌。2014 年 9 月,"举个栗子"广安街店、联盟店在石家庄同时开业,该店以糖炒栗子为切入点,以打造全国第一栗子品牌的理念,一年的时间,在石家庄市区开了 20 家栗子店。

"举个栗子"在营销中找到很多技巧。例如,店老板在称栗子时,第一铲故意少装一点,过秤后见分量不足,再填几个,还不足,又添几个,最终足量并稍多一点。如果你是一位顾客,亲眼见到这两添三添过秤的一切,就会感到确实量足秤实,心中踏实,对老板就会很信任。试想一下,如果老板不这样做,而是多了一次两次地往外拿,人的感觉就会不一样，总有一种吃亏的感觉。

聪明的老板巧妙地运用了错觉给顾客这种极其微妙的心理变化，做到童叟无欺，使"举个栗子"做到终日生意红火。

讨论：生活中，你还见到过哪些利用错觉巧营销的例子？

三、消费者的注意

（一）注意

注意是指人的心理活动对外界一定事物的指向和集中。注意通常是指选择性注意，即注意是有选择的加工某些刺激而忽视其他刺激的倾向。它是人的感觉（视觉、听觉、味觉等）和知觉（意识、思维等）同时对一定对象的选择指向和集中（对其他因素的排除）。

注意有两个基本特征，一个是指向性，是指心理活动有选择地反映一些现象而离开其余对象。二是集中性，指心理活动停留在被选择对象上的强度或紧张。注意并不是一种独立的心理过程，而是心理过程的一种共同特征。人在注意着什么的时候，总是在感知、记忆、思考、想象或体验着什么。人在同一时间内不能感知很多对象，只能感知环境中的少数对象。而要获得对事物的清晰、深刻和完整的反映，就需要使心理活动有选择地指向有关的对象。人在清醒的时候，每一瞬间总是注意着某种事物。通常所谓"没有注意"，只不过是对当前所应当指向的事物没有注意，而注意了其他无关的事物。

（二）注意的分类

根据产生和保持注意有无目的及意志努力的程度，注意可分为以下三种。

▶ 1. 无意注意

无意注意是指事先没有预定的目标，也不需要做意志努力，而不由自主地指向某一对象的注意。例如，正在上课的时候，有人推门而入，大家不自觉地向门口注视；大街上听到警笛鸣叫，行人会不由自主地扭头观望。

▶ 2. 有意注意

有意注意是指自觉的、有预定目的的、必要时还需做一定意志努力的注意。我们工作和学习中的大多数心理活动都需要有意注意。例如，消费者在嘈杂的商店里专心选择欲购买的商品，学生在吵闹的环境中看书，司机在马路上开车都是有意注意。

▶ 3. 有意后注意

有意后注意是指有预定目的，但不需要意志努力的注意。它是在有意注意的基础上，经过学习、训练或培养个人对事物的直接兴趣达到的。在有意注意阶段，主体从事一项活动需要有意志努力，但随着活动的深入，个体由于兴趣的提高或操作的熟练，不用意志努力就能够在这项活动上保持注意。例如，一个学习外语的人在初学阶段去阅读外文报纸，还是有意注意，很容易感到疲倦；随着学习的深入，外语水平不断提高，当他消除了许多单词和语法障碍，能够毫不费力地阅读外文报刊，可以说达到了有意后注意的状态。

（三）注意在营销活动中的应用

▶ 1. 发挥无意注意的作用

刺激物的强度是引起无意注意的重要原因。强烈的刺激物，如巨大的声响、强烈的光线等都容易引起人的无意注意。

刺激物的相对强度在引起注意上也有重要意义。例如，在喧嚣的地方，很大的声音都很难引起注意，而在寂静的夜晚，轻微的虫鸣也能引起人们的注意。

刺激物之间的对比关系也是影响注意的重要因素。例如，绿草丛里的红花就更能引起人们的注意，而绿草丛里的青蛙就不容易引起人们的注意。

刺激物的活动和变化也是影响注意的重要因素。活动的、变化的刺激物更容易引起人们的注意。

当消费者对某种商品或劳务根本没有兴趣时，经营者唯有借助于相对强烈的因素去引发消费者的注意。例如，巴拿马世界博览会初始，各国评酒专家对其貌不扬、装潢简陋的中国茅台酒不屑一顾，中国酒商急中生智，趁展厅内客商较多之时，故意将一瓶茅台酒摔破在地，顿时香气四溢举座皆惊，博得世界客商一致好评。从此，茅台酒名声大振，走向了世界。

▶ **2. 运用多角化的经营方式，调节消费者的注意转换**

有意注意和无意注意两者既相互联系又相互转换。只有有意注意，人就很容易疲劳，效率不能维持；只有无意注意，人就容易"分心"，心理活动不能指向某一特定事物，事情也难以做好，因此要特别强调两者之间的相互转换。

传统的零售商业企业的基本功能是出售商品。许多消费者感到"逛"商店很疲劳，究其原因，一是需要走路、上楼，有一定的体力消耗；二是长时间处于有意注意状态，容易产生心理疲劳。现代化零售企业不仅装饰豪华，环境舒适典雅，有自动扶梯，减轻顾客上下楼的体力支出，而且在功能上也大为拓展，集购物、娱乐、休息、餐饮之大成，有的还设有儿童托放处等，便于消费者为购物活动时而有意注意、时而有无意注意，时而忙于采购、时而休闲娱乐。这种多元化经营方式符合"开放经营"策略，有利于延长消费者在商店的逗留时间，创造更多的销售机会，使消费者自然而然地进行心理调节，消除了疲劳的感觉，反而感到去商店是一桩乐事。

▶ **3. 成功的广告要善于引起消费者的注意**

广告要被消费者接受，必然要与他们的心理状态发生联系，失败的广告就在于没有引起消费者的注意。要使广告引起消费者注意，可运用下述方法。

（1）利用大小。形状大的刺激物比形状小的刺激物更容易引起注意，尤其是介绍新产品的广告，应尽可能刊登大幅广告。例如，现在有一些在报刊上刊登的广告，除了具有图文并茂的特点外，一般都占到了版面的1/3，有的甚至整版，极易映入读者眼帘。

（2）利用强度。洪亮的声音比微弱的声音容易引起注意。电视节目播出商业广告时，音量突然增加，正是利用强度原理。但要注意刺激强度不能超过消费者的感觉阈限，否则也会适得其反。

（3）运用色彩。鲜明的色彩比暗淡的色彩容易引起消费者的注意，一般黑色比白色更引人注目。现在，虽然彩色广告到处可见，但是黑白对比鲜明的广告同样可以给人以新鲜的感觉。

（4）利用位置。自选商场商品举目可望，而从人的胸部到眼部是最能引起消费者注意的商品陈列位置。

据国外的调查结果显示，印刷在报纸上的广告，如果一整版报纸的注意值为100，版面上各个不同位置的注意值如图2-4所示。

33	28
23	16

56	44

53	
47	

19
50
23
8

图 2-4　同一版面不同位置的注意值

由图2-4可知，同一版面在引起读者的注意方面，上边优于下边、左边优于右边，中间优于四边。

（5）利用活动。活动着的刺激物比静止的刺激物更容易引起注意。例如，反复变化的霓虹灯广告比静止的更引人注目，更能引起消费者的兴趣和注意。

（6）运用对比。对比度越高越容易引起人们的注意。例如，强音和弱音、明亮和昏暗、大型和小型轮流出现比单一出现更容易引起消费者的注意。

（7）利用隔离。被放置或描绘在大空间或空白的中央的对象更易引起注意。例如，有的报纸整个版面都是印刷广告，效果不甚理想，因为消费者的注意力被分散了，造成视而不见的后果，如果在整版广告中央设计广告物，反而能够引起注意。

四、消费者的记忆

（一）记忆

记忆是人们过去经历过的事情在头脑中的反映，如过去感知过的事物、思考过的问题、体验的情感、进行过的行为与活动等，都能以经验的形式在头脑中保存下来，并在一定的条件下能够重新再现出来，这就是记忆的过程。消费者的记忆与消费者收集商品的信息、对商品的认识、对购物场所的认识及消费者购买的决策等活动的关系十分密切。

（二）记忆的过程

记忆是一个复杂的心理过程，它包括识记、保持、再认、回忆四个基本环节，而不是单一的"背"。这四个环节是互相联系、不可分割的。识记和保持是回忆、再认的前提和基础，再认、回忆又是识记和保持的结果，并能够加强识记和保持。

▶ **1. 识记**

识记是一种有意识地反复感知，从而使客观事物的印迹在头脑中保留下来，成为映象的心理过程。整个记忆过程是从识记开始的，它是记忆过程的第一步。

（1）根据消费者在识记时是否有明确目的和随意性，识记可分为无意识记和有意识记。

无意识记是事先没有明确目的，也没有经过特殊的意志努力的识记。当消费者随意浏览商品，或阅读报纸、观看电视时，虽然没有明确的目的和任务，也没有付出特别的努力。但某些商品或广告的内容却可能被自然而然地识记下来，这就是无意识记。无意识记具有很大的选择性。一般来说，那些在消费者的生活中具有重要意义，适合个人需要、兴趣、偏好，能激起消费者情绪或情感反应的消费信息，给人的印象深刻，往往容易被无意识记。

有意识记是有预定目的，并经过意志努力的识记。例如，欲购买小汽车的消费者，对各种汽车的牌号、性能、质量、价格、外观等特性，均需进行全面了解和努力识记。可见，有意识记是一种复杂的智力活动和意志活动，要求有积极的思维参与和意志努力。消费者掌握系统的消费知识和经验，主要依靠有意识记。

（2）根据所识记的材料有无意义和识记者是否理解其意义，识记可分为机械识和意义识记。

机械识记是在对事物没有理解的情况下，依据事物的外部联系机械重复所进行的识记。例如识记没有意义的数字、生疏的专业术语等。机械识记是一种难度较大的识记，容易对消费者接收信息造成阻碍。因此，企业在宣传产品、设计商标或为产品及企业命名时，应当坚持避免使用枯燥、晦涩、难以理解的语言符号。

意义识记是在对事物理解的基础上，依据事物的内在联系所进行的识记。运用这种识记，消费者对消费对象的内容形式容易记住，保持的时间较长，并且易于提取。大量的实验表明，以理解为基础的意义识记，在全面性、快速性、准确性和巩固性方面，都比机械识记优越得多。

▶ 2. 保持

保持是识记的事物映象在头脑中保留的过程。但保持并不是对过去经验的机械重复，它是对识记的材料进一步加工、储存的过程。随着时间的推移和后来经验的影响，保持的识记内容在数量和质量上会发生某些变化。一般来说，储存在记忆中的内容会比原来识记的内容更简略、更概括，一些不太重要的细节趋于消失，而主要内容及显著特征则被保持；同时，原识记内容中的某些特点会更加生动、突出甚至扭曲。

如消费者在识记商品的过程中，逐渐了解并概括出商品的基本特性，对无关紧要的细节忽略不计，从而把有关必要信息作为经验在头脑中储存起来；但有的变化也会产生消极作用，如消费者把主要的内容遗漏，或者歪曲了消费对象的本来特征。

▶ 3. 再认

当过去经历过的事物重新出现时能够识别出来，就是再认。例如，消费者能够很快认出购买过的商品、光顾过的商店、观看过的广告等。一般来说，再认比回忆简单、容易，能回忆的事物通常都能再认。

▶ 4. 回忆

回忆又称重现，是不在眼前的、过去经历过的事物表象在头脑中重新显现出来的过程。例如，消费者购买商品时，往往把商品的各种特点与在其他商店见到的或自己使用过的同类商品在头脑中进行比较，以便做出选择，这就需要回想，这个回想过程就是回忆。

（三）记忆在营销活动中的应用

人的记忆系统包括感觉记忆、短时记忆和长时记忆，三种记忆系统的相互关系如图2-5所示。

▶ 1. 感觉记忆

感觉记忆又称瞬时记忆，是指个体凭视、听、味、嗅等感觉器官，感应到刺激时所引

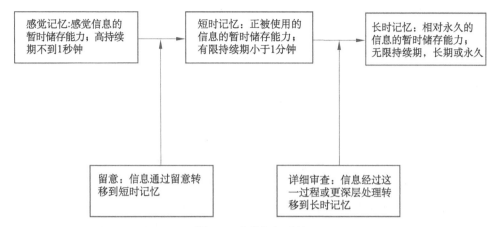

图 2-5　人的记忆系统

起的短暂记忆，其持续时间通常是 0.25～2 秒。感觉记忆只留存在感官层面，一些经过特别注意的信息会进入短时记忆系统；若信息对人的刺激极为强烈、深刻，也可能直接进入长时记忆系统；而那些没有受到注意的信息则很快变弱直至消失。乘车经过街道，对街道旁的店铺、标牌、广告和其他景物，除非有注意，否则，大多是即看即忘，此类现象即属感觉记忆。在瞬时记忆的过程中，人们一般只能记住 7～8 个单位的信息，这是一个极为重要的记忆特征，绝大部分人的记忆能力都是在这一范围之内。如果信息超过了这个范围，消费者仅仅接受 7～8 个让他感兴趣的信息单位，而排斥其余的信息。有关商品的信息，每一个单位既可以是商品价格中的一个数字（如 64 元 8 角 2 分，包含 4 个数字），又可以是介绍商品功能与特点时的一个字或一个词组。记忆中的这个特征对于商业设计有极为重要的参考价值，值得设计者仔细地研究。

▶ 2. 短时记忆

短时记忆中材料保持的时间为 5～20 秒，最长不超过 1 分钟。感觉记忆中的材料如果受到主体的注意，就会进入短时记忆阶段。短时记忆的容量并不大，一般在 7±2 个组块内。组块是指人们在过去经验中已变为相当熟悉的一个刺激独立体，如一个字母、一个单词、一个数字、一个成语等。因此，在告知消费者数字、符号等机械性信息时，不宜过长或过多。例如，我们从电话簿上查一个电话号码，然后立刻就能根据记忆去拨号，但事过之后，再问这个号码是什么，就记不起来了。此类记忆，就是短时记忆。感觉记忆中的信息如果被注意和处理，就会进入短时记忆，而且，这些信息可以保持在一种随时被进一步处理的状态。也就是说，短时记忆中的信息可以自动而迅速地被提取，一旦需要对新输入的信息予以解释，长时记忆中的信息也可带到短时记忆中来。实际上，短时记忆是这样一种即时的信息处理状态：从感觉记忆和长时记忆中获取的信息被带到一起同时处理。短时记忆中的信息经适当处理，一部分会转移到长时记忆系统；另一部分则会被遗忘。商业广告要想使消费者越过感觉记忆阶段，就必须利用各种方法和手段，引起消费者的注意。

▶ 3. 长时记忆

长时记忆是指记忆信息保持 1 分钟以上，直到数年乃至终生的记忆。人们日常生活中随时表现出的动作、技能、语言、文字、态度、观念，以至有组织有系统的知识等，均属长时记忆。

长时记忆系统被认为是语意和视听信息的永久储存所。各种事件、物体、处理规则，事物的属性、感觉方式、背景资料等，均可储存在长时记忆中。与短时记忆相比，长时记忆的容量是相当大的，甚至被认为是无限的。长时记忆是对短时记忆加工复述的结果，有时富有感情的事或强烈意外的刺激信息，也能一次形成。在琳琅满目的商店，消费者面对的是几千种甚至几万种商品，消费者的眼光瞥过这些商品的包装、价格、款式、色彩时，对于绝大部分商品的注意都只能形成瞬时记忆，让消费者感兴趣的一些商品可能会在他们头脑中形成短时记忆，只有极少数的商品信息会形成长时记忆。如果整个商店没有令消费者感兴趣的地方，可能还没有长时记忆。商业广告要想使广告内容成为消费者长时记忆的材料，提高产品知名度，达到引导消费、创造需求的目的，其基本方法就是重复向消费者传播商品信息。许多产品在市场上有很高的知名度，就是多次反复在电视节目中播放广告的结果。

（四）如何增强消费者的记忆

在购买中，消费者借助于记忆，对过去曾经在生活实践中感知过的商品、体验过的情感或有关的知识经验，在头脑中进行反映的过程，也是异常复杂的认识过程。它包含对过去所经历过的事物或情感或知识经验的识记、保持、回忆和认识等过程，在消费者的购买行为中起着促进购买行为的作用。如果消费者的生活经验或购买经验在神经中枢中没有存贮，或者在消费者的神经中枢中没有存贮有关商品的任何信息的话，就必然会影响到消费者对商品的认识，使消费者难以完成对商品的认识过程，这样，就很难促成购买行为。所以，在广告宣传中，采取强化记忆的手段来强化认知，是相当重要的。

（1）信息的独特性可以对记忆产生影响。由于独特的、不寻常的信息较少受遗忘的干扰，具有更大的记忆潜力，因此，广告等消费信息必须具有鲜明的主题和特色。

讨论： 试着回想一下那些朗朗上口的广告语，例如："今年过节不收礼，收礼只收脑白金"，你还能记得哪些，说一说，并分析你为什么对它记忆犹新？

（2）信息呈现的顺序可以对记忆产生影响。识记对象在材料中的系列位置不同，人们遗忘的情况也不一样。根据人的记忆规律，一般是材料的首尾容易记住，中间部分则容易忘记。据美国加利福尼亚大学波斯特曼的实验，在一般情况下，中间项目遗忘的次数相当于两端的量3倍。人们学英语背单词表，重复读写次数相同，容易记住的是单词表上头几个和末尾几个单词。同样道理，电视广告时间假如连续播放10条广告，容易使消费者记住的是首条和最后一条，如果将首条再重播一次，则记忆效果更为明显。只是在对某种信息多次重复时，不仅在空间上和时间上应有一定的距离，还应采用多种广告媒体或表现方式，以及增添新的信息，从新的角度使旧的内容重现，诉诸新的刺激，才能让消费者乐意接受，加深理解和记忆。

（3）重复可以增加记忆。适度重复会加深消费者对商品的印象。心理学的研究证明，人们遗忘信息的速度先快后慢，德国心理学家艾宾浩斯90多年以前，曾以无意义音节为材料，绘制了遗忘曲线图。当人们对材料达到背诵程度后，过1小时，记忆的材料仅剩

44％，一天之后忘掉全部材料的1/3。

为了提高消费者对电视、广播等媒体广告的记忆效果，应当在24小时之内重复传递同样内容的广告信息，才能在人们几乎忘记时及时重复和强化，收到"广告天天见，记忆日日深"的效果。但应注意表现形式的多样化和重复时间的间隔性与节奏性，避免引起消费者的乏味感和厌烦情绪。

（4）活动可以对记忆产生影响。当识记的材料成为人们活动的对象或结果时，由于学习者积极参加活动，记忆的效果会明显地提高。在商品销售过程中，如果能把消费者吸引到对商品的使用活动中，则会明显调动他们活动的积极性，从而加深对商品的记忆，扩大销售。例如，服装让消费者试穿，家用电器当场操作，玩具现场表演，食品当场品尝，都是应当常用的促销方法。

（5）理解是识记材料的重要条件。建立在理解基础上的意义识记，有助于识记材料的全面、精确和巩固，其效果优于建立在单纯机械识记基础上的记忆。这是由于材料本身的意义反映出事物的本质，也反映出材料和学习者已掌握的知识经验的联系，这样所学习的材料就会被纳入学习者已掌握的知识系统中，因而记忆效果好。在商业广告宣传中，有些广告把新产品与消费者所熟知的事物建立起联系，潜移默化地提高了记忆效果，原因就在于利用了理解有助于记忆的原理。松下电器的彩电路牌广告上，孙悟空拿着金箍棒指着彩电。孙悟空是我国老百姓十分熟悉的形象，因此很容易使人们记住松下彩电。

（6）情绪和情感也会对记忆产生影响。从记忆的效果看，人们的记忆容易受情绪和情感因素的影响，消费者的情绪处于愉快、兴奋、激动的状态中，对于商品及有关信息会形成一个良好的记忆形象，对于这样的记忆也会保持较长的时间，消费者也愿意经常回忆这样的良好体验。例如，一位顾客在商店里不但得到售货员的热情服务，而且售货员微笑的印象一直留在他的记忆里，这无疑大大加强了记忆的效果。相反，气愤、屈辱的情绪也会加强人们记忆中的形象。顾客在商店受了气，对于售货员和商店里的恶劣记忆也会保持很长的时间，并长期避免与这样的售货员和商店打交道。由于情绪、情感性的因素可以影响记忆的效果，我们可以在营销活动中发挥这种心理原理和积极作用。例如，在广告与公共关系活动的创意设计中，就可以利用情感、情绪性的诉求手段来加强消费者对企业与商品的印象。

五、消费者的联想

（一）联想

联想是由一种事物想到另一种事物，它的生理基础是条件反射，在消费心理中是比较重要的一种心理活动。联想可以由当时的情境引起，如当时注意、感知到的事物，也可以由内心的回忆等方式引起。

案例

力士香皂的想象空间

力士是一个溢满感情价值的品牌。力士广告把名人和香皂联系在一起，魅力成为该品牌推销宣传策略成功的关键因素。

力士香皂在阿根廷宣传时，将散发诱人魅力的美女、创意的执行表现与新产品出众的功能性结合在一起，为目标消费群提供一种全新的认识，为品牌创造出更加坚实的品牌价值。

创意的核心——使用强有力的类比法，表现出一种转化来使枯叶重获新生。为了展示双重保湿配方效果，广告一开始即展现出一棵枯死的树。当强风吹过的时候，老裂的枯叶擦过地面，发出刺耳的声音。镜头推近一片枯叶，一名女子被困在其中，一阵挣扎之后，女子成功地挣脱出来，跃入一池清水。她向水中的一束光游去，光就成了新型力士香皂。当她洗浴的时候，她的皮肤、枯叶的颜色和脉络都发生了彻底的变化，焕发出新生。

整条广告短小紧凑，表现了"枯叶重获新生"的主题诉求，引发了消费者对于力士香皂美好的想象，产生了良好的广告效果。广告在阿根廷首播之后，力士的知名度从原来的30%提高到43%。

(二) 联想在营销活动中应用

在消费心理的研究中，主要着重于注意，感知等因素所激发的联想，因为在开展营销活动时，可控制消费者所处的购物环境，使用各种各样的方法来激发消费者形成有益于营销活动的联想。

(1) 营销活动中，营销人员要善于运用商品的相关性策略，就是要根据联想中的接近联想，在经营中考虑到消费者的这种心理状态，使经销的商品配套成立，方便顾客购买。比如，经营西服，应同时经营领带、衬衣、皮鞋等相关性商品。从消费者的共同心理来说，买东西都乐意去商品丰富、品种齐全的商店。这是因为消费者的需要具有联系性，不用跑更多的路程就可以买齐自己所需的商品，可节省时间；同时，商品多、品种全，有较大的挑选余地，能买到称心如意的商品。日本有一家木器家具店，在店内设置了鲜花和观赏植物的销售柜台，让顾客在选购家具的同时，可以选购与家具相协调的鲜花或供观赏的植物。在日本东京上野车站附近还有一家名叫"和光堂"的药店，老板是一位善于体察消费者心理的女性。她专门走访了经营健康食品、药品的批发商，收集资料，掌握了有关的专门知识，然后在自己的药店里增设了健康食品专柜，使药铺变成了一家以药品、医疗器械为主，兼营健康食品的综合型店铺。每月初还特意安排一天时间作为正确使用健康药品辅导日，在药店的最里边开设一间辅导室，一边向顾客介绍正确服用健康食品、药品的方法和有关知识，一边为顾客调配药品。这样一来，药店成了患者和健康人都愿意光顾的场所，营业额急剧上升。

(2) 经营者利用联想中的类似联想和对比联想，使商品包装更加艺术化，特别是在包装采用的色泽上下一番功夫，对顾客的采购欲望将会产生很大影响。美国旧金山商品包装设计家洛维指出，先进工业国家的商人把对商品色泽包装的研究，列为生产过程的重要课题之一。

(3) 商品包装的色泽必须与商品本身的颜色相协调，色调错误，足以令顾客失去对商品的兴趣。我国有一家工艺品出口公司生产"学生砚"，原来外包装采用的是白底黑字，外加花边的纸盒。结果这一产品在国外的销路很差，购买者寥寥无几，产品滞销积压。后来，设计者改变了它的包装，采用黑底金字，并在包装盒的右上角配上了"马踏飞燕"的图案，整个包装显得古朴、典雅，充满艺术气氛。这一招居然产生了意想不到的效果，原先滞销的产品一跃成为畅销品，并且出现购买盒子自配砚台的现象。这说明，任何商品要吸引人购买，就要让消费者在一瞥中，最大限度地感知商品的存在和特性，使人产生美好的联想。此时，直觉效果是举足轻重的。

六、消费者的思维

(一) 思维

思维是人脑对客观事物本质特征的间接和概括的反映。它是人的认识活动的最高阶段。因此，间接性、概括性是人的思维过程的重要特征。所谓间接性，是通过媒介来认识客观事物。所谓概括性，即借助已有的知识、经验来理解和把握那些没有直接感知过的，或根本不可能感知到的事物。例如，有的消费者对某种羽绒制品的性质、质量不了解，但可以通过对这种羽绒制品的感知表象，如手感、轻重、保暖性等，借助已有的知识经验，间接地认识它的质量和性能。概括性是通过对同一类事物的共同特性、本质特征或事物间规律性的联系来认识事物。例如，消费者在购买过程中多次感知到名牌商标与商品质量之间的联系，从而得出"名牌商品质量好、信得过"的概括性特征。

思维是以感觉、知觉、表象提供的材料为基础，通过分析、综合、比较、抽象、概括和具体化等基本过程完成的。思维可分为形象思维和逻辑思维。后者依据概念、判断、推理等基本形式来达到对事物本质特征的认识。

(二) 思维在营销活动中应用

(1) 思维的变通性与经营灵活性。思维的变通性即灵活性，是根据事物的变化，运用已有的经验，灵活地进行思维，及时地改变原来拟订的方案，而不局限于过时或不妥的假设之中，表现在能力上，就叫变通能力。

思维的变通性即灵活性对于做生意是很重要的。例如，上海宅山路有家个体饭店开业，当时正是"活杀三黄鸡"风靡上海，但此店不赶这个时髦，偏偏开设了"活杀鲜鱼"的项目，可谓独树一帜。他们还摸索出一套鱼缸里养河鱼的办法，在顾客选定、议价活杀后，可根据顾客不同口味要求，采用清蒸、红烧、串汤等做法，并提供"一鱼多吃"的服务。由于这家饭店经营项目、烹饪手法有特色，开业以来生意兴隆，不仅本市和外地的顾客慕名登门，就连一些国外游客也闻"腥"而来。

(2) 思维的敏捷性与市场应变能力。思维的敏捷性是指在很短的时间内发现问题和解决问题。在当今市场竞争日益激烈的情况下，应具有敏捷性的思维，善于分析和研究市场变化，扬长避短，随机应变。一句话，谁适应能力强、变得快，谁发展就快。事实证明，具有敏捷性思维能力的企业家市场应变能力也很强，他们善于敏捷地捕捉来自各方面的信息，迅速采用各种最新技术不断改进企业内部管理，推出一代又一代的新产品，开拓一个又一个新的市场，保证企业在激烈的市场竞争中立于不败之地。

(3) 思维的独特性与生意经。创造性思维是指发明或发现一种新方法用以处理某种事情或某种事物的思维过程。人类的进步离不开创造性思维。在激烈的市场竞争中，企业要立住脚跟，就必须要有独特的招数，这就要依赖独特性思维的出新、出奇。

七、消费者的想象

（一）想象

想象是指用过去感知的材料来创造新形象的过程。或者说，想象是头脑改造记忆中的表象而创造新形象的过程。在心理学中把客观规律作用于人脑后，人脑会产生这一事物的形象叫作表象。对于已经形成的表象，经过人的头脑的加工改造，创造出并没有直接感知过的事物的新形象就是想象。由此可知，想象活动要具备3个条件：①必须要有过或已经感知过的经验，这种经验不一定局限于想象者个人的第一手资料，也可是前人、他人积累的经验；②想象的过程必须依赖于人脑的创造性，需要对表象进行加工，而不是表象本身；③想象是个新的形象，是主体没有直接感知过的事物。

（二）想象在营销活动中的应用

当"水晶之恋"遇上《泰坦尼克号》

1998年年初，为了低成本地打开情侣市场和婚宴市场，也为了摆脱单一"儿童食品"的形象，喜之郎在消费群定位上聚焦年轻人。而如何让年轻人认同和接受喜之郎果冻这种人们印象中的儿童食品呢？

"水晶之恋"是个很有诗意的名字，水晶般尊贵浪漫的爱情是年轻人都非常向往的。如果赋予"果冻"一种"水晶之恋"的爱情想象，将消费者情感认知显性化，这应该是品牌塑造的核心环节。为建立认知上的对等关系，企业策划公司为"水晶果冻"设计了"爱的造型"与"爱的语言"。果冻的造型由传统的小碗样式改造为心形，封盖上两个漫画人物相拥而望，为这种心形果冻平添了魅力，每种颜色的水晶之恋果冻都有不同的名字，一种颜色的水晶之恋，代表一种"爱的语言"。比如绿色——真的好想见到你；紫色——好想你抱紧我；黄色——好想跟你说对不起等。"水晶之恋"万事已具备，只欠市场推广了。

当时，风靡全球的爱情大片《泰坦尼克号》即将在国内上映，这给"水晶之恋"的推广带来了巨大的契机。于是，喜之郎准备对《泰坦尼克号》进行全国范围的贴片广告。广告创意专门以《泰坦尼克号》为蓝本进行量身定做，并运用大量计算机特技手段，浪漫的画面和音乐缔造了世纪末的爱情宣言"水晶之恋、一生不变"。

不久，"水晶之恋"电视广告配合了《泰坦尼克号》在全国各大城市上映，浪漫的悲剧爱情故事让这部电影迅速成为全国少男少女心中的最爱。正是借助了这部国际大片雷霆万钧之势，以"水晶之恋"为名的新（"心"）型果冻产品迅速成为"喜之郎"之后的第二大果冻品牌，可以说"水晶之恋"乘了"泰坦尼克号"这艘船，让自己的品牌大获成功。

资料来源：朱增玉.解析喜之郎低成本品牌传播的经济学法则.中国管理传播网.

（1）消费者在评价商品时常伴随着想象活动的进行。想象会对消费行为产生一定的影响。对于发展和深化消费者的认识有重要作用，在消费者的购买活动中，常常伴随有想象的心理活动。例如，消费者评价一套高级组合家具，经常伴随着对生活环境的一种美好效果的想象；购置高档耐用消费品，往往具有显示经济实力或社会地位的想法，即延伸人格的想象；有些女性消费者在购买衣料时，常常把衣料搭在身上边照镜子边欣赏、边想象，对衣料进行评价。这些都会极大地激发消费者的购买欲望，导致购买行为。因此，服装设计师设计服装，广告设计师设计广告，商店经理布置橱窗、进行商品宣传时，都可以用多种方法去来丰富消费者的想象力，以达到宣传商品的目的。

（2）想象在商业广告中的心理效力。一个成功的商业广告，总是经过细致的素材加工，利用事物间的内在联系，用明晰巧妙的象征，比拟的表现手法，激发消费者有益的想象，丰富的广告的内容，加强刺激的深度与广度的。因此，在商业广告中，有意识地增强广告激发想象的效果，是不可缺少的心理方法。运用想象提升广告效果的方法很多，可以用消费者熟知的形象，来比喻广告的形象或特点。

当然，在商业广告中要发挥想象的心理功能，必须充分研究广告指向市场的消费习惯、消费水平和消费趋势，掌握广告指向消费对象的普遍心理与个别心理，了解他们希望什么、欢迎什么、反对什么，有针对性地利用各种易于创造激发想象的广告因素，使广告信息的想象效果，适应消费对象或购买对象的知识经验和美好欲望，令其信服、向往、愉快，刺激产生有益的共鸣和感情冲动，使之确立消费或使用的信心和决心，促成消费行为。

（3）营销人员的工作需要有一定的想象力。营销人员在为顾客服务和推销商品的过程中，想象的作用不可忽视，成交率的高低在很大程度上取决于营销人员的再创想象有无差错。优秀的营销员应该能够想象出哪种商品适合客户的需要。同时，在诱导顾客的过程中，以自己的想象力去丰富顾客的想象力。

任务实施

步骤1：以小组为单位学习，认识消费者的心理活动过程。

步骤2：以小组为单位学习讨论，掌握消费对商品的认知心理过程，识别感觉、知觉、记忆、想象、联想、思维等心理活动及其特征。

步骤3：运用知觉的特性进行门店店堂设计，完成PPT的制作。

步骤4：每组派代表就任务完成情况进行汇报。

步骤5：教师、企业专家、学生代表三方组成的成绩评定团进行评价。

任务评价

参照表2-1，对学生任务完成情况进行评价。

表2-1　任务评价表

考评项目	考评点	分值	评分	评分人签名
方案内容	方案内容的实用性	20		
	方案格式的完整性	20		
	方案制订的全面性	10		
	方案内容的创新性	10		

续表

考评项目	考评点	分 值	评 分	评分人签名
语言	语言规范，对方案掌控良好	5		
	语言清楚简练，生动通俗	5		
	应答有礼有节	5		
	时间把握恰当	5		
课件设计	课件制作新颖	10		
	课件使用效果好	10		
合计		100		

工 作 任 务 二　影响消费者情感

任务目标

知识目标：

1. 掌握消费者的情感过程。

2. 理解情绪与情感。

能力目标：

1. 能够合理激发和降低消费者的情绪。

2. 能够运用情感因素进行营销活动。

情感目标：

培养学生创新思维。

任务分析

通过完成此任务的学习，引导学生掌握消费者消费的情感过程，区分情绪与情感，能够利用情感因素进行营销，在营销活动中合理激发和降低消费者的情绪。

任务知识

案例

人的情感规律

有这样一个实验，科研人员把一个电极安装在小老鼠的大脑中，电极的连接点可刺激鼠脑产生"愉快"的情绪。电极由一个小老鼠够得着的踏板所启动。偶然之中，小老鼠踩到了踏板，体会到了一次"愉快"情绪。只要一次这样的刺激，小老鼠就变得一发而不可收。它不停地去踩踏板，一天要踩几千次。

寻找愉快情感是一种强劲的动力，小老鼠如此，人更是如此。人的情感丰富复杂、时时存在。所以，人的情感对人行为的控制力更大。人的情感通过人的潜意识左右人的行为，在不知不觉中，人的潜意识总是推动人去寻找愉快的情感和避免痛苦的情感。这是情感把握行为的一个普遍规律。这个规律的发现使人类对自己的行为有了更多的理解。

广告商想让家庭主妇买一种洗衣粉，便先描绘一个和睦、幸福、其乐融融的家庭，然后，推出洗衣粉的牌子。模模糊糊中，人们感到这幸福生活同使用这种洗衣粉相关。主妇去买东西，眼前几种洗衣粉，想也没想，就拿了广告上的洗衣粉。啤酒商想卖啤酒给男士们。商人们先让身材婀娜的女模特儿出场，在男人们正感到兴高采烈、津津有味的时候，推出要卖的啤酒。就这样，移花接木发生了，男士们兴高采烈、津津有味的感觉就"接"到了啤酒上。广告之所以有效，是因为它利用了人的情感规律。所以，愉快情感＋要卖出的商品＝广告心理学。政治家的妙智并不逊色于商人。政治家们要推销的是他们自己，所以他们要把能引起公众好感的事件同自己相联系。公众热爱国旗，政客们就争相站在国旗下照相，按国旗的颜色穿戴。人们感到孩子可爱，大选中的各国政客们就要寻找机会拥抱孩子、亲吻孩子。振奋人心的英勇举动发生了，政客们一定要到场与英雄照相。做得像，好感就移花接木地搬到自己身上。所以，热爱和振奋的情感＋政客＝政治心理学。

人的潜意识推动人寻找愉快情感和躲避痛苦情感，这是现代心理学和行为学普遍承认的一个规律。商人和政治家能利用这个规律去影响和改变人们的行为，生活中的每个人也同样能利用这个规律来调节周围人的行为。

利用情感规律可以创造自己期望的结果。想要孩子成年后多回家，最好的办法是给孩子足够的爱、温暖、接受、肯定和尽可能多的快乐。这些美好情感留下的记忆是一个永久的、不可抗拒的吸引力。无论是散落到了天涯，还是漂流到了海角，成年的孩子都会被家这块磁铁不断地吸回去。

潜意识推动人寻找愉快情感和躲避痛苦情感是所有人的行为规律。学会应用这个规律，人会发现生活总在变，而且越变心中越满意。

思考题：分析人的情感规律对市场营销活动有何启发？

一、情绪和情感

情绪和情感是人对于客观事物是否符合自己的需要而产生的一种主观体验，它反映的是客观外界事物与人主观需要之间的关系。外界事物符合人的需要，就会引起人积极的情绪体验，否则便会引起消极的情绪体验。情感亦是人的一种主观感受，或者说是一种内心的体验。外界事物同个体的需要之间的关系，取决于个体自身对事物的认知。因此能够满足他人需要，引起他人喜爱的产品，并不一定会满足自己的需要，也不一定会引起自己的喜欢。

消费者在从事消费活动时，不仅通过感觉、知觉、注意、记忆等认识了消费对象，而且对它们表现出一定的态度。根据其是否符合消费主体的需要，消费者可能对其采取肯定的态度，也可能采取否定的态度。消费者采取肯定态度时，会产生喜悦、满意、愉快等内心体验；当采取否定态度时，则会产生不满、忧愁、憎恨等内心体验。这些内心体验就是情绪或情感。

二、情绪和情感的关系

情绪是指与生理需要和较低的心理过程，如感觉、知觉相联系的内心体验。例如，消费者选购某品牌的香水时，会对它的颜色、香味、造型等可以感知的外部特征产生积极的情绪体验。情绪一般由当时特定的条件所引起，并随着条件的变化而变化。所以情绪带有情景性，不稳定。情感是指人们在长期的社会实践中受到客观事物的反复刺激而形成的内心体验。因此，与情绪相比，情感具有较强的稳定性和深刻性。在消费活动中，情感对消费者心理和行为的影响相对长久和深远。例如，对美感的评价标准和追求，会驱使消费者重复选择和购买符合其审美观念的某一品牌的商品。

情绪有较多的外显性和冲动性，而情感则较为内隐和深沉。当人处于某种情绪状态时，经常会有明显的外在表现，如垂头丧气、手舞足蹈、暴跳如雷等。相比之下，情感没有明显的外部表现，显得较为深沉，经常以内隐的形式存在或以微妙的方式流露出来。情绪一旦发生，人往往一时难以控制；而情感一般不存在这种情况，它始终处于意识的支配下。

情绪与情感之间又有着密切的内在联系。情绪通常与人的生理需要相联系，而情感与人的社会需要相联系。生理需要是指人对诸如食物、水、空气、睡眠等这些维持生存所必需的事物的需要。生理需要的满足与否导致人的情绪变化。例如，美食使人愉快，危险使人恐惧等。社会需要是指人类在社会生活中形成、为维护社会的存在和发展而产生的需要，如劳动的需要、交往的需要、友谊的需要、求知的需要、道德的需要等。社会需要的满足与否使人产生情感，如爱国主义情感、集体主义情感等。

情绪和情感虽有各自的特点，但其差别是相对的。它们往往交织在一起，很难严格地区分。在一定的意义上可以认为，情绪是情感的外在表现，情感是情绪的本质内容。一般来讲，情感的产生总伴随有情绪反应，而情绪的变化经常受情感的支配。因此，在这里，我们把消费者情感过程的情绪和情感作为统一体来讨论。

三、情绪情感的分类

(一) 情绪的三种状态

根据情绪发生的强度、速度、紧张度和持续性，可以把日常生活中人们的情绪状态分为心境、激情与应激三种。

▶ **1. 心境**

心境是人们在长时间内保持的一种比较微弱而平静的情绪状态，通常被人们称为心情，如心情舒畅或郁郁寡欢等。其特点是：缓和而又微弱，有时难以察觉；持续时间长，少则几天，多则数年；是一种非定向的弥散性体验，使个体的所有情绪都受渲染。当一个人处于某种心境时，就好像戴上了一副有色眼镜，使其对周围一切事物的反应都染上当时的情绪色彩。所谓"情哀则景哀，情乐则景乐"、"忧者见之则忧，喜者见之则喜"，指的就是心境。

人的心境往往是由对人有重要意义的事件引起。但人们并不是对引起某种心境的原因都能意识得到，而这种原因肯定是存在的。如工作的顺逆、人际关系的亲疏、身体的健康状态以及气候的变化等。当然，有些一生中都保持着同样心境的人（基本心境），则是由其遗传因素所决定的。

心境对人的生活、工作和健康会发生重要的影响。积极、良好的心境可以使人振奋，提高人的活动效率，增强克服困难的信心，有益于健康；消极悲观的心境会降低人活动的效率，使人意志消沉，而影响行为效率，甚至会使人患有严重的身心障碍。心境的好坏，对于消费行为也具有很重要的影响。良好的心境能使消费者发挥主动性和积极性，容易引起对商品的美好想象，易导致购买行为；而不良的心境，则会使消费者心灰意懒，抑制购买欲望，阻碍购买行为。在市场营销活动中，一方面，要创造舒适优雅的购物环境，建立轻松愉快的气氛；另一方面，营销人员应当努力把自己培养成快乐活泼、富有表现力和感染力的人，经常以乐观的情绪感染消费者，动之以情、晓之以理，引导和帮助消费者排除不良心境。

▶ 2. 激情

激情是一种迅猛爆发、强烈而短暂的情绪状态。激情往往由重大的、突如其来的事件或激烈的意向冲突引起。激情可以是正性的，也可以是负性的。暴怒、惊恐、狂喜、悲痛、绝望等激烈状态都是激情的表现。激情的特点是：冲动，激情的出现快而强；短暂，激情持续时间短，冲动一过便迅速淡化或消失；指向鲜明，常针对特定对象。引起激情的原因通常是重大生活事件，如竞赛胜利、激烈冲突、重大发现、亲人死亡、信仰破灭等。

激情有明显的外部表现并很容易导致某种行为。在激情状态下，人的认识范围狭窄，理智分析能力受到限制，自我控制能力降低，不能正确地评价自己行动的意义和后果，因而往往出现不顾一切地不良行为。正性的激情可以成为激励人们积极行动的巨大动力。比如舍生忘死勇救落水儿童，为了保护国家的财产冲向火海等，这时激情成为人们奋勇向前的一种动力。而负性激情应当避免，因为失控的行为可能导致不堪设想的后果。人应该善于控制自己的激情，学会做自己情绪的主人。例如，转移注意以冲淡激情爆发的程度，防止鲁莽行为的发生。

消费者在购物场所受到强烈刺激时易出现激情状态，消费者在抢购风潮中也会出现类似激情状态的情绪。对生产商和销售商来讲，要尽可能地避免对消费者的强烈的不良刺激，削弱消费者的对抗情绪，引导消费者产生积极的激情，愉快地进行购买活动，争取营销活动的成功。

▶ 3. 应激

应激是在出现意外事件和遇到危险情境的情况下所出现的高度紧张的情绪状态，如目瞪口呆、惊慌失措等。应激的特点是事件的突发性和重要性。事件往往是未曾料到的，如车祸、突然发现不治之症以及突然取得料想不到的成绩，突然要做出重大决策等。应激比激情的激动水平更高、更强烈。应急状态下人们会有两种反应：一种是呆若木鸡，丧失行为意识和能力，束手无策；另一种则是急中生智，从而化险为夷。如果应激状态长期持续，机体的适应能力将会受到损害。结果会导致疾病的产生。人们可通过适应性的防御，事先的应激性训练及充分的心理准备，来提高应付外界突如其来的刺激和高度紧张的环境的能力。

（二）社会性情感的分类

人的社会性情感主要有道德感、理智感和美感。

▶ 1. 道德感

道德感是按照一定的道德标准评价人的思想、观念和行为时所产生的主观体验，包括对民族、祖国的自豪感和尊严感；对社会劳动和公共事务的义务感、责任感；对符合道德规范的人和事的尊敬，对违反道德规范的人和事的憎恶；对敌人的仇恨感；对社会集体的集体主义感、荣誉感；对人群间的友谊感、同情感以及人道主义情感和国际主义情感等。因为不同历史时代、不同社会制度、不同阶级具有不同的道德标准。所以，人的道德感具有社会性、历史性和阶级性。

▶ 2. 理智感

理智感是人在智力活动过程中，认识和追求真理时，需要能否满足而产生的情感体验。理智感的表现形式有：对未知事物的好奇心、求知欲和认知的兴趣；在解决问题过程中表现出来的怀疑、自信、惊讶，以及问题解决时的喜悦；对真理的热爱感、充实感；对谬误与迷信的鄙视和憎恨感等。

理智感不仅产生于智力活动，而且对推动人学习科学知识，探索科学奥秘有积极的作用。列宁曾说过："没有人的感情，就从来没有也不可能有人对真理的追求。"缺乏情感，便难以使认识深入。只有当人们的思想被深厚的情感渗透时，才能力量倍增，引起积极的注意、记忆、思考、钻研和认真探索。

▶ 3. 美感

美感是客观事物是否符合个人审美需要而产生的个人情感体验。美感根据对象可分为自然美感、社会美感和艺术美感三类。例如美感可来源于自然，如美丽的风景、无垠的草原、浩瀚的大海和巍峨的山峰等；也可来源于社会，如区域的、风俗的、制度的行为美、语言美、心灵美和形态美等；美感也可来源于文学、美术和艺术，如美好的音乐、绘画和优雅的环境等。

美感与事物的客观属性有关，又与个人的审美修养和审美标准有关，即受审美观（文化的、阶级的和地域的）、审美能力（知识水平与层次）、社会性、历史性等诸多因素的影响，所以美既是客观的，又是主观的。

四、情绪与情感的外部表现

情绪与情感的外部表现过程是人对客观事物与人的需要之间关系的反映，是人对事物的一种好恶的倾向。对于消费者来说，情绪和情感表现为对商品和服务的特殊反映形式，或者说是消费者对商品和服务是否符合个人需要而产生的体验。情绪往往与低级的心理过程（感觉、知觉）相联系。然而，情感则是在情绪的基础上更高级的心理体验。但每个消费者都会根据自己的需要、价值观念、审美标准等，对市场上出现的各种商品做出自己的主观评价，并通过其神态、表情、语气、动作等各种带有情绪色彩的外部形式表现出来。

消费者的情感表现程度在购买活动中主要表现在以下三个方面。

（一）面部表情和姿态

面部表情和姿态是表现情感的主要手段。人们的喜、怒、哀、乐、爱、憎等各种情感都能通过不同的面部表情与姿态表现出来。例如，当消费者买到自己喜爱的商品时，会高兴得眉飞色舞或手舞足蹈；当消费者与销售人员因退换商品而发生争吵时，会面色苍白或涨红了脸。在购买活动中各种复杂的心理感受、情绪变化都会通过不同的面部表情和姿态反映出来。可见，一个优秀的销售人员不仅要善于根据消费者面部表情的变化去揣摩消费者的心理，同时，也要注意运用自己的表情姿态去影响消费者，沟通买卖双方的感情，促使消费者的情感向积极的方向发展。

（二）声调表情

人们说话的语调、声音强弱及速度的变化，往往反映出情感的变化。一般来讲，快速、激昂的语调体现了人的热烈、急躁、恼怒的情感，而低沉、缓慢的语调则表现人的畏惧、悲哀的情感。往往同一语句，说话人在音强、音速、音调上的差别而表达出不同的情感。例如，在商店里购物时，同样会遇到这样一句话"您买什么？"语调的强弱和速度不同，可以反映出亲切、真诚的情感，但也可以表现出厌烦、冰冷的情感。

（三）动作表现

一般情况下，当消费者购买衣物时，遇到其满意的商品时，常常表现出点头、赞不绝口、跃跃欲试的动作；反之，则不屑一顾，匆匆而过。当消费者看到寻觅多时的商品时，往往呼吸、心跳、脉搏都会加快。

总之，在消费者购买活动中，情感的外显是多方面的，也是比较复杂的。有时，一种外显的情感表达了多种心理活动。例如消费者在选购商品时，有时表情紧张，可能是担心商品质量或性能有问题，唯恐吃亏上当，也可能是担心买不到商品，还有可能是担心买回去后家人不喜欢等。

案例

两个开发商

两个开发商，一个在城东十里开发圆梦花园，一个在城西十里开发凤凰山庄。城东的开发商聘请了最好的设计师，使用了一流的施工队，城西的也是如此。

一年后，总投资10亿元的圆梦花园建成了，60栋楼房环湖排列，波光倒影，清新优雅，曲径回廊，处处花草，置身其中，宛如在花园中一般。不久，凤凰山庄也竣工了，真像一座山庄，60栋楼房依山而筑，青砖碧瓦，绿树掩映，清风徐徐，松涛鸟鸣，确实是理想的居住之地。

圆梦花园首先在电视台打出广告，接着是报纸和电台，他们打算投资1 000万元做宣传，让圆梦花园成为购房者真正圆梦的地方。凤凰山庄建好后，也拿出1 000万元，不过他们没有交给广告公司，而是给了公交公司，让他们把跑西线的公交车由每半个小时一班增加到每5分钟一班。

一个月以后，凤凰山庄售出的房是圆梦花园的 10 倍。一年后，凤凰山庄开始清盘，圆梦花园开始降价。现在去凤凰山庄的公交车每两分钟就有一班，坐这条线路的公交车，人们可以得到一张如公园门票大小的彩色车票，它的正面是凤凰山庄的广告，反面是一首四言绝句，这种车票每周一换。据说，凤凰山庄有个孩子已经在车上背了四百多首唐诗，最少的也背了五十几首，其家长深感自豪。

不久圆梦山庄申请破产，凤凰山庄借势收购。从此，市区又多了一条车票上印有诗词的线路。

五、影响消费者情绪和情感的因素

消费者的情绪和情感产生于认识商品、购买商品的活动中。消费者的情感变化受以下因素的影响。

（一）商品本身的影响

当商品本身各方面的属性（如质量、功能、适用性）以及商品的外观、造型、规格色彩、风格、包装等，能够符合消费者的实际需要，自然会引起消费者的满意和喜欢，产生积极的情感；反之，则产生不满意的消极情感。商品的命名也是影响消费者情感的一个重要因素。企业在给商品命名时，应该根据消费者的心理需要，给商品取一个具有独特情感色彩或特征的名字，使商品名称各具特色，诱发消费者积极的情感。例如，"美加净"的命名就符合消费者爱美、爱干净的心理需求。

（二）购物环境的影响

购物环境是指购买现场的整体情况和气氛。消费者的情感变化首先是受购物环境的影响。当消费者步入宽敞明亮、色彩柔和、环境幽雅、清洁的商场时会感觉愉快、舒畅。如果再配有自动扶梯等现代化设施，还会产生一种轻松美好的情绪体验。购物环境适宜的温度是非常必要的；装饰布置的色彩同样要讲究协调与整体一致，以期引起消费者积极的心理活动；购物场所适宜的背景音乐可以促进消费者的精挑细选，联想起更多的商品；销售人员周到热情的服务，更能使消费者产生满意的情绪，取得意想不到的销售效果。

（三）消费者个人情感

消费者个人情感的倾向性，也是影响购买活动中情感变化的主要因素之一。性格开朗活泼，总保持愉快、奋发向上情绪状态的消费者，往往在购物过程中表现出较高的热情；反之，则会因情绪消极，影响其购物时的评价、决策及体验等。此外，消费者自身情趣，如兴趣、爱好等，也会影响消费者购物时的情感。比如，爱好集邮的人，在集邮的过程中会有一番知识和情感的学习和体验，因而在选购邮票时会有极大的热情，在购买到理想的邮票时会很有满足感。

（四）消费者心理准备状态的影响

消费者的心理准备状态对于情绪以及情感有直接的激发作用，并且被激发起来的情绪与情感又反作用于原来的心理准备，两者共同推动消费者的购买活动。一般而言，消费者的需求水平越高，购买的动机越强烈，情绪的兴奋程度就越高，而且购买动机转变为购买行为的可能性就越大。企业在新产品上市前，一般要做大量的广告，让消费者在购物前做好充分的心理准备，调动他们的情绪。

（五）服务质量

服务质量对于消费者的情感影响也十分明显，一般表现在以下几个方面。

▶ 1. 销售人员的表情

在商业服务中，有一条极为平常却十分重要的原则，即微笑服务原则。该原则要求销售人员在接待顾客的时候，须礼貌待人，以饱满的热情、温馨的微笑接待每一位顾客，让顾客有如沐春风的感觉，由此产生肯定性的、积极的美好情感。微笑服务使销售人员显得较为亲切，可以化解一些顾客的不满，甚至挑剔和刁难，避免双方矛盾的激化。当然，销售人员的微笑必须是发自内心的，万不可变成"职业化的微笑"。这样的微笑是僵硬的，是假笑，是很难激发消费者愉快情绪、美好情感的，弄不好会引起消费者的反感。

▶ 2. 销售人员的工作态度和服务水准

销售人员要做到热情、周到、细致，百问不厌。此外，销售人员还必须熟悉自己所销售的商品，善于了解和揣摩顾客的购物心理，为其当好参谋，做好售前、售中服务，让顾客乘兴而来，满意而去。

▶ 3. 商家的售后服务质量

消费者购物后，会得到相应的消费体验，良好的售后服务能使消费者已获得的美好体验得到巩固甚至加强，或者化解消费者已产生的不满情绪；反之，则会进一步恶化消费者的不满情绪，或者破坏消费者原来较满意的情绪记忆。消费者的消费体验会成为消费者的经验被其积累起来，会对其以后的购买行为产生重大影响。因此，商家必须为消费者提供尽可能完善的售后服务，以赢得更多的顾客。

六、情绪在市场营销中的应用

斯沃琪手表

当尼古拉斯·哈耶克（Nicolas Hayek）把 SMH（以其斯沃琪表而闻名的一家瑞士公司）从一家净资产 11 亿美元、年亏损 1.24 亿美元的公司变成一家净资产 21 亿美元、年创利 2.86 亿美元的公司时，许多人认为他简直创造了一项商业奇迹。他的成功确实令人吃惊，因为他似乎背离传统常规，迫于全球价格竞争的压力，跨国公司必须寻求到劳动力成本最低的国家去生产产品。SMH 对它位于瑞士的总部负责，它的大部分技术、人员和产品都集中于瑞士的朱罗山脉。哈耶克说："我们都是在全球市场上参与竞争的跨国公司，但这并不意味着我们这些跨国公司对于自己的国家和文化缺乏忠诚。"在接下来的采访中，讨论的焦点集中在斯沃琪系列手表的成功上。

"你发现了什么别人没有发现的东西？""我意识到我们不仅在销售一种消费品，或一种名牌产品，我们是在销售一种情感化的产品。你在手腕上戴表，以你的皮肤作衬托。你每天有 12 小时或 24 小时戴着它，它能成为你的自我形象的重要部分。它不必也不应该只是一种商品。我知道如果我们能在这种产品上附加某种真实的情感，赋予这种低端产品某种强烈的新信息，我们就能成功。"

你怎样使一只手表"情感化"？"你是指斯沃琪把一种世俗的、功能性的东西转变成一种时尚吗？"很多人就这样描述我们，但这种说法并不很准确。时尚的确重要，但是，如果你到香港，看看那里的手表设计风格、式样、颜色，你会发现，那里也有非常漂亮、时尚的手表。我们并不是向人们提供一种式样，我们向他们传递一种信息，这是关键所在。时尚与形象有关，而情感化的产品是与信息，一种强烈、激动人心、不同凡响、真实的信息有关。

它能告诉别人你是谁以及你为什么这样做。斯沃琪表所传递的信息包括高质量、低价格、兴奋、刺激、生活的情趣，而最重要的一条是别人难以模仿。总的说来，我们不仅是在出售手表，我们是在提供个性文化。

斯沃琪手表是如何取得巨大成功的？其成功的原因之一是运用关于消费者情绪方面的知识为产品定位。虽然营销者一直在一种直觉的层面上运用情绪指导产品定位、销售展示和广告活动，深入、系统地研究各种情绪与市场营销策略的相关性则是一个全新的领域。

（一）情绪激发

情绪以伴随正面或负面的评价为特征，消费者积极寻找那些主要利益或次要利益在于激发其情绪的产品。虽然在大多数情况下，人们希望获得正面、积极的情绪，但也有例外的情况。例如，悲剧性的电影使观众伤心落泪，然而人们仍喜欢这样的电影。

很多产品把激发消费者的某种情绪作为主要的产品利益。最明显的例子莫过于电影、书籍和音乐。与各种类型的惊险旅游项目一样，拉斯维加斯赌城、迪斯尼乐园作为旅游胜地，无不旨在激发游客的情绪。长期以来，长途电话被定位于"激发情绪"的产品。一些软饮料品牌也以"妙趣横生"和"激动人心"作为其主要利益诉求点。甚至某些汽车有时也被定位为情绪激起型产品。例如，丰田汽车的广告是："啊，多么美妙！"Pontiac的广告则是："我们制造兴奋！"

（二）情绪降低

许多情绪状况是令大多数人感到不快的。很少有人喜欢感受悲哀、无助、羞辱或恶心。面对这一境况，营销者设计出许多防止或缓解不愉快情绪的产品。这类产品中最典型的就是各种各样用于抑制忧郁或焦躁症状的非处方药品。人们常常光顾百货商店和零售店，以消除疲倦、感受刺激、引发渴望。鲜花被宣传为能够消除悲哀。减肥产品和其他有助自我完善的产品常常根据其缓解内疚感、无助感、耻辱感或厌恶感等利益来定位。个人清洁护理产品也常以缓解焦躁和忧虑作为其主要利益。

（三）广告中情绪的运用

（1）广告中的情绪性内容增强了广告的吸引力和持续力。比起中性的广告，那些能激发欢乐温馨甚至厌恶的情感反应的广告更能引起人们的注意。而注意是认识过程的关键一步。

（2）情绪以一种高度激活的心理状态为特征。当个体被激活时，人就变得更警觉和活跃。由于有了这种高度激活的心理状态，情绪性信息较中性的信息可能会得到更全面的"加工"。同时在这样一种情绪状态下人们可能会花更多的精力进行信息处理和更可能注意到信息的各个细节。

（3）能激发积极和正面情绪的情感性广告使广告本身更受人喜爱。例如，"温馨"由对爱、家庭、友谊的直接或间接体验所激发的一种有积极价值的情感。突出温馨情调的广告，诸如麦当劳（Mc Donald's）展现父女或父子亲情的广告，就能激发心理变化。同时，温馨类广告也比一般的中性广告更受人喜爱，而喜欢一个广告会对产品好感的形成发挥积极影响。

（4）情绪性广告可能比一般中性广告更容易被人记住。品牌名称与积极的情感的配对和重复出现，可以导致一旦品牌名称被提起，积极的情感就会产生。

（5）对品牌的喜爱也可能以一种直接和高度介入的方式出现。一个与情绪性广告只有一次或少数几次接触的人可能很简单地"决定"该产品是他所喜欢的产品。这是一种比条件反射更有意识的过程。例如，人们已发现，观看激发温馨感的广告可以直接强化购买意图．而这种强化的购买意图本来应该是喜欢该产品的结果。

（6）用情感来迎合消费者的广告现在正日益流行。例如，华纳—莱姆伯特（Warner-Lambert）最近放弃了以往强调事实的比较性广告，为它的家用怀孕测试品推出了强烈的情感性广告：这个30秒的广告捕捉住一个丈夫得知妻子怀孕的时刻，妻子快乐地哼起包含"小宝贝"歌词的歌，如"小宝贝的脸"，暗示她怀孕的消息，她的丈夫会意地跟着唱起来。

饥饿营销

饥饿营销通过有计划的放货节奏控制，造成市面上大面积缺货的现状或假象，物以稀为贵，进而引发消费者的大规模追捧。如果同步配合适当的媒体宣传策略，能够有效带动产品销售。

（一）打造品牌

"品牌"因素一直贯穿饥饿营销策略实施的全过程，品牌的市场号召力是推行该策略的有力保障，通过传递品牌价值，创造一种人人都想得到的品牌渴望。杂志、电视、网络等各种媒体对产品进行大力宣传，制造出一些能够吸引消费者购买欲望的"卖点"，促使消费者产生一种迫不及待得到该产品或服务的需求和冲动，为新产品的最终上市做好充分的准备。

（二）人为饥饿

当产品推出市场后，消费者前往购买时，却出现由于购买者"过多"，而出现"缺货"现象，消费者不得不提前预订。求新、好奇、攀比心理，是人们为了追求社会群体的认同感，会尽可能地挤进这一消费圈子。

（三）数量限制

以限量来彰显其珍稀，消费者潜意识当中都存在着"物以稀为贵"消费认知，当某种产品的逐渐稀缺性会给消费者现在享有的购买自由带来限制，消费者为了抵抗这种购买自由带来的威胁，产生较以前更强的购买冲动。

任务实施

步骤1：以小组为单位学习，认识消费者的情感心理活动过程，掌握情感与情绪的关系。

步骤2：以小组为单位学习讨论，分析影响消费者情绪情感的因素，掌握激发、降低情绪与广告中情绪运用的方法以及增强消费者感性消费的策略。

步骤3：运用情感与情绪因素为产品设计广告，完成PPT的制作。

步骤4：每组派代表就任务完成情况进行汇报。

步骤5：教师、企业专家、学生代表三方组成的成绩评定团进行评价。

任务评价

参照表2-2，对学生任务完成情况进行评价。

表2-2　任务评价表

考评项目	考评点	分值	评分	评分人签名
方案内容	方案内容的实用性	20		
	方案格式的完整性	20		
	方案制订的全面性	10		
	方案内容的创新性	10		
语言	语言规范，对方案掌控良好	5		
	语言清楚简练，生动通俗	5		
	应答有礼有节	5		
	时间把握恰当	5		
课件设计	课件制作新颖	10		
	课件使用效果好	10		
合计		100		

工作任务三　培养消费者意志

任务目标

知识目标：

1. 掌握消费者的意志过程。

2. 熟悉意志的表现。

能力目标：

1. 能够分析消费者的意志心理过程。

2. 能够克服营销困难，增强意志力。

情感目标：

培养学生的耐受力。

通过完成此任务的学习，引导学生掌握消费者消费的意志过程，熟悉意志表现及特征，使学生在模拟营销活动中得到意志能力的锻炼。

任务知识

一、意志

意志就是指消费者自觉地确定购买目的并主动支配、调节其购买行动，克服各种困难，实现预订目标的心理过程。在消费活动中，消费者除了对商品进行认识和情绪体验外，还要经历意志过程。只有经过有目的地、自觉地支配和调节行动，努力排除各种干扰因素的影响，才能使预订的购买目标得以实现。如果说消费者对商品的认识活动是由外部刺激向内在意识的转化，那么意志活动则是内在意识向外部行动的转化。只有实现这一转化，消费者的心理活动才能现实地支配其购买行为。

二、消费者意志过程的基本特征

（一）有明确的购买目的

消费者在购买过程中的意志活动是以明确的购买目的为基础的。因此，在有目的的购买行为中，消费者的意志活动体现得最为明显。通常，为了满足自身的特定需要，消费者经过思考，预先确定了购买目标，然后自觉地、有计划地按购买目的去支配和调节购买行为。

（二）与排除干扰和克服困难相联系

在现实生活中，消费者为了达到既定目的而需排除的干扰和克服的困难是多方面的。例如，时尚与个人情趣的差异、支付能力有限与商品价格昂贵的矛盾、售货方式落后和服务质量低劣所造成的障碍等。这就需要消费者在购买活动中，既要排除思想方面的矛盾、冲突和干扰，又要克服外部社会条件方面的困难。所以，在购买目的的确定之后，为了达到既定目的，消费者还需要付出一定的努力。

（三）调节购买行为全过程

意志对行为的调节，包括发动行为和制止行为两个方面：前者表现为激发起积极的情绪，推动消费者为达到既定目的而采取一系列行动；后者则抑制消极的情绪，制止与达到既定目的相矛盾的行动。这两个方面的统一作用，使消费者得以控制购买行为发生、发展和结束的全过程。

三、消费者心理活动的意志过程

在购买活动中，消费者的意志表现为一个复杂的作用过程，其中包括做出购买决定、执行购买决定和体验执行效果三个相互联系的阶段。

（一）做出购买决定阶段

这是消费者购买活动的初始阶段。这一阶段包括购买目的的确定、购买动机的取舍、购买方式的选择和购买计划的制订，实际上是购买前的准备阶段。消费者从自身需求出发，根据自己的支付能力和商品供应情况，分清主次、轻重、缓急，做出各项决定，即是否购买和购买的顺序等。

（二）执行购买决定阶段

在这一阶段，购买决定转化为实际的购买行为，消费者通过一定的方式和渠道购买到自己所需的商品。当然，这一转化过程在现实生活中不会很顺利，往往会遇到一些障碍需要加以排除。所以，执行购买决定是消费者意志活动的中心环节。

（三）体验执行效果阶段

完成购买行为后，消费者的意志过程并未结束，通过对商品的使用，消费者还要体验执行购买决定的效果，如商品的性能是否良好、使用是否方便、外观与使用环境是否协调、实际效果与预期是否接近等。在上述体验的基础上，消费者将评价购买这一商品的行为是否明智。这种对购买决策的检验和反省，对今后的购买行为具有重要意义，它将决定消费者今后是重复还是拒绝、是扩大还是缩小对该商品的购买。

四、消费者的意志品质与消费行为

意志品质是消费者意志的具体体现。在购买行动中，我们常常可以观察到消费者的购买行为具有各种显著的特征。例如，有的人行为果断、快速、冷静、沉着、独立性强，而有的人则犹豫、彷徨、冲动、草率、独立性差。之所以消费者会有不同的购买行为特征，一方面是由于消费者个性特征不同；另一方面也反映了消费者意志品质的差别。消费者的意志品质主要表现在以下几个方面。

（一）自觉性

自觉性是指消费者能主动、充分认识到自己行动的正确性以及行动的社会效果。自觉性是产生坚强意志品质的基本条件。自觉性高的消费者在购买活动中不盲从和鲁莽，因为他们的购买目的、行动计划是在深思熟虑、权衡各种利弊的基础上制订的。因此，消费者的购买行动是有条不紊地进行的，在遇到困难时，能理智分析，自觉修改购买方案，以利于克服困难，最终实现预设目标。相反，自觉性较差的消费者，其购买行为缺乏计划性、条理性，容易盲目地接受别人的暗示或影响，或者是不加分析地接受或拒绝别人的意见，在购买过程中往往表现为依赖、冲动和回避的态度，不愿付出必要的智力和体力，从而影响购买行为的实现。

（二）果断性

果断性是指消费者能迅速地分析所发生的情况，做出和执行决策。果断性较强的消费者在购买过程中往往善于抓住机遇，积极全面思考，正确迅速决策，并坚定地执行决策。果断性差的消费者则常常表现得优柔寡断，犹豫不决，决策过程也容易时断时续，容易受到外界的干扰而发生变化。果断性会给消费者带来一些切身利益；反之，优柔寡断的消费者在不同的购买目的和购买手段之间取舍不定，犹豫不决，往往错过最佳购买时机或者不利于下一步执行决定的顺利实现。

（三）自制性

自制性是指消费者善于支配、控制自己的情感，约束自己言行的能力。在购买过程中，由于消费者心理活动和外界因素的交互影响，常常使购买行为变得十分复杂，从而发生一些出乎意料的事件。例如，消费者与销售人员之间发生摩擦时，自制性较强的顾客，可以较好地控制自己的情绪，约束自己的过激言行，从而缓和矛盾；而自制性较差的顾客，则可能会与销售人员发生激烈的争吵，这既影响了购买行为的完成，又会对自己造成伤害。因此，消费者应很好地培养、锻炼自己的自制性，成为意志坚强的人。

（四）坚韧性

坚韧性是指消费者善于克服困难，能够坚持不懈地努力，实现预定目标的素质，即通常所说的毅力。坚韧性强弱也与消费者的个性特征有关，做事虎头蛇尾的人，其坚韧性较差，其购买活动的效率及成功率均较低。

任务实施

步骤1：以小组为单位学习，认识消费者的意志，掌握意志的特征，理解消费者的意志心理过程，掌握意志与行为的关系。

步骤2：以小组为单位学习讨论，掌握培养营销人员良好意志力的途径。

步骤3：小组两两配对，分别模拟商家和顾客，模拟解决"商品售后问题处理"场景。各小组进行合理分工，制订具体可行的解决方法。

步骤4：各小组进行场景模拟展示。

步骤5：教师、企业专家、学生代表三方组成的成绩评定团进行评价。

任务评价

参照表2-3，对学生任务完成情况进行评价。

表 2-3　任务评价表

考 评 项 目	考 评 点	分　　值	评　　分	评分人签名
销售服务技巧	准确接待顾客（卖方）	15		
	准确透析顾客心理，了解顾客异议（卖方）	20		
	顺利解决顾客事件（卖方）	20		
	解决顾客异议的方法得当	20		
	应变能力	10		
	仪态大方，语言规范礼貌	10		
	时间把握恰当	5		
合计		100		

知 识 技 能 测 试

一、单项选择题

1. 人的基本的心理活动，也是首要的心理功能是（　　）。

　　A. 认知　　　　　B. 情感　　　　　C. 意志　　　　　D. 记忆

2. 心理活动过程除了人的认识过程、情感过程外，还有一个是（　　）。

　　A. 思想过程　　　B. 意志过程　　　C. 行为过程　　　D. 思维过程

3. 消费者对作用于感观的客观事物整体、全面的直接反映是（　　）。

　　A. 感觉　　　　　B. 知觉　　　　　C. 想象　　　　　D. 思维

4. 人们刚刚能够觉察的刺激变化的最小差别量，称为（　　）。

　　A. 感受力　　　　B. 差别感觉阈限　C. 感觉阈限　　　D. 绝对感受性

5. 电视广告的持续时间若少于 3 秒钟，就不会引起消费者的视觉感受。这是因为感觉具有（　　）。

　　A. 感受力　　　　B. 差别感觉阈限　C. 感觉阈限　　　D. 相对感受性

6. （　　）是消费者认识商品的起点，是一切复杂心理活动的基础。

　　A. 感觉　　　　　B. 知觉　　　　　C. 记忆　　　　　D. 想象

7. 因为感觉具有（　　），所以厂家要不断推出与目前市场上的商品不同的新产品，使消费者产生新的感觉，激起消费者新的购买愿望，才能为企业创造新的商机。

　　A. 感受性　　　　B. 适应性　　　　C. 情感过程　　　D. 意志过程

8. 红、橙、黄色会使人感到温暖，所以这些颜色被称作暖色；蓝、青、绿色会使人感到寒冷，因此这些颜色被称作冷色。这是最常见的一种（　　）现象。

　　A. 感受性　　　　B. 适应性　　　　C. 知觉　　　　　D. 联觉

9. 感觉是指（　　）对直接作用于一种感觉器官的外界事物的个别属性的反映。

　　A. 人脑　　　　　B. 心理　　　　　C. 知觉　　　　　D. 直觉

10. 人的心理活动对一定对象的指向和集中称为（　　）。

　　A. 记忆　　　　　B. 思维　　　　　C. 注意　　　　　D. 感觉

11. 某饮料公司拟采用电视媒体做广告宣传，面临两种选择，一种是与其他 4 种饮料类产品同时播放；另一类是与其他无关的 4 种产品同时播放。公司负责人选择了后一种，因为这样可以加强（　　）。

　　A. 知觉　　　　　B. 注意　　　　　C. 记忆　　　　　D. 想象

12. 一般消费者在购买商品房时，对期房、分期付款、按揭等术语不熟悉，觉得单调、枯燥，但认识到掌握这些知识的重要意义和作用时，就会克服困难，尽自己最大努力掌握这些知识。当以后再接触这些术语时就会出现（　　）。

　　A. 无意注意　　　B. 有意注意　　　C. 有意后注意

13. （　　）是人对客观事物需求态度的体验，具有独特的主观体验形式、外部表现形式和极为复杂的神经生理基础。

　　A. 情感　　　　　　B. 情绪　　　　　　C. 想象　　　　　　D. 思维

　　14. (　　)是指消费者自觉地确定购买目的并主动支配、调节其购买行动，克服各种困难，实现预订目标的心理过程。

　　A. 认知　　　　　　B. 情感　　　　　　C. 意志　　　　　　D. 行为

　　15. 瞬时记忆又叫感觉记忆，在感觉后立即产生，持续时间大约(　　)秒之间，其特点是记忆容量比较大、保持时间短、瞬息即逝。

　　A. 2～5　　　　　　B. 1～2　　　　　　C. 0.1～0.2　　　　　D. 0.25～2

　　二、多项选择题

　　1. 消费者的心理活动基本过程包括(　　)。

　　A. 认知过程　　　　B. 意识过程　　　　C. 情感过程　　　　D. 意志过程

　　2. 知觉的特性有(　　)。

　　A. 恒常性　　　　　B. 选择性　　　　　C. 整体性　　　　　D. 理解性

　　3. 一台等离子彩电价格上调三五十元乃至上百元，往往不为消费者注意；而居民用电每度提价两分钱，消费者却十分敏感。这说明(　　)。

　　A. 消费者的感觉敏感性没有规律

　　B. 各种商品因价格不同，价格的差别阈限值也不同，消费者也对其有不同的差别感受性

　　C. 原有刺激量越大，差别阈限值越大，差别感受性则越小，反之亦然

　　D. 消费者重视电价却不重视彩电的价格

　　4. 在购买中，消费者借助于(　　)等感官产生的感觉来接受有关商品的各种不同信息。

　　A. 触觉　　　　　　B. 视觉　　　　　　C. 味觉

　　D. 听觉　　　　　　E. 嗅觉

　　5. 下面关于情绪和情感的叙述正确的是(　　)。

　　A. 情绪带有情景性，不稳定

　　B. 情感具有较强的稳定性和深刻性

　　C. 情绪有较多的外显性和冲动性

　　D. 情绪一旦发生，人往往一时难以控制，而情感始终处于意识的支配下

　　6. 在认识商品和购买商品的活动中，影响消费者情感变化的因素包括(　　)。

　　A. 消费方式　　　　B. 社会环境　　　　C. 商品质量

　　D. 购物环境　　　　E. 心理准备

　　7. 消费者意志品质的基本特征主要体现在(　　)。

　　A. 自觉性　　　　　B. 自制性　　　　　C. 坚韧性

　　D. 果断性　　　　　E. 多元性

　　8. 按照保持时间的长短，记忆可分为(　　)。

　　A. 感觉记忆　　　　B. 机械记忆　　　　C. 短时记忆

　　D. 长时记忆　　　　E. 识记

9. 感觉的特性包括(　　)等内容。

A. 感受性　　　　B. 适应性　　　　C. 对比性　　　　D. 联觉性

10. 情感过程是人对客观事物与人的需要之间关系的反映,是人对事物的一种好恶的倾向,它主要是通过人的(　　)变化表现出来。

A. 表情　　　　B. 身体　　　　C. 神态　　　　D. 语言

三、案例分析题

娱乐业生产好心情

娱乐业的产品是什么? 近日,北京东方康乐园的决策者们找到了答案,他们向北京娱乐乐界提出"我们生产好心情"的倡议。

占地 3 500 平方米的北京东方康乐园,是国内首家以沐浴为主的综合性娱乐场所,开业 7 年来在北京已是小有名气。为了使康乐园健康发展,并且提高服务水平,员工们深入探究消费者的心理后发现:"花钱买罪受",人们打 0 分;"花钱买温饱",打 60 分;"花钱买健康",打 80 分;只有"花钱买高兴",人们才会打 100 分。他们仔细分析了娱乐业的定位,认识到:"稻香村"生产好糕点,"同仁堂"生产好药品,"万家乐"生产好电器,而像康乐园这样的娱乐企业就应该生产好心情。

为人们提供好心情不是一件简单的事,东方康乐园为此开发出了一些与众不同的项目。例如,专家设诊、免费幽默鸡尾酒、有奖小吉尼斯纪录等,都是能让人开心、益心益智的项目。他们还实行透明收费,每项服务都明码标价,多年来不收服务费、小费,让顾客花钱花得明白、舒心。另外,一般娱乐场所最让人不放心的就是色情服务。东方康乐园的按摩室都是大房间,7 年来几乎成为有关管理部门的免检单位。健康经营换来的是顾客的信任、开心、舒心、放心,康乐园就自然能为顾客提供好心情了。

问题:

(1) 东方康乐园注意的是顾客一般心理过程的哪些方面?

(2) 东方康乐园是如何引导顾客的情感向积极方面转化的?

四、实训

完成一份"大学生购买手机的购买行为和消费偏好调研",并撰写调研报告。

分析影响消费者购买行为的因素

>>> 开篇案例

海底捞美国第一店水土不服

火遍大中华的连锁火锅品牌"海底捞"终于在美国洛杉矶富人区阿凯迪亚市（Arcadia）开了第一家分店。这次开店可谓是千呼万唤始出来：半年前就被美国年轻华人期待，《华尔街日报》也引用中国市场研究集团高管的话，称其"可能像日本铁板烧品牌 Benihana"一样受到美国人的喜爱。但开业半个月以来，并未受到在中国市场的那种热捧，反而有些"水土不服"。因价格相对昂贵、没有英文菜单和预订服务，在餐饮点评 Yelp 网站上也只获得2.5星的差评。

Benihana 的特色就是厨师在食客面前烹饪食品，加上略微有趣的小表演，的确非常受欢迎。但别忘了其中一个重要的原因是，老美也是吃着烤肉长大的。

大多数中国企业到了美国，都会花时间先行克服"水土不服"的问题，当然企业家们是清醒的，他们知道不是每个用在中国甚至亚洲市场备受欢迎的方法，都会在美国适用。

一、"改良"的海底捞服务

首先在中国流行的"美甲"服务，在美国是无论如何过不了美国食品安全检查这关的，脑子"一根筋"的老美检察员不会理解为何你在店内提供与吃饭这么不相关的服务，而且"修剪指甲"这件事对饮食标准而言根本就是"不卫生"。

此外，一些火锅汤底也不会在美国店出现，比如在中国大受欢迎的"酸汤鱼"锅底，可是对老外、土生土长的 ABC 们来讲，像中药汤一样难以接受。

另外，海底捞把中国的大火锅改成了嵌在桌子里的小火锅，传统火锅的氛围即刻被改变。中国小伙伴们是多么喜爱围着大锅一起涮着羊肉那样热热闹闹的氛围啊，再来一瓶二锅头，又开心又热闹又过瘾。可是这对在美国生活的人来讲，让他们一起用大锅就等于"是让我吃别人的口水"，分餐制是必需的，"二锅头"这种烈性白酒也基本没有人沾，取而代之的，基本是冰水、冰可乐，偶尔才来上几瓶冰啤酒。

海底捞显然有备而来，在以上这几点上都做了改进，开业初始也只有"面条舞"的表演，这也让在中国尝过其特色味道，以及在网上看了无数海底捞"传奇故事"的食客，多多少少有些失望。

二、无英文菜单被吐槽

但最让美国食客无法理解的是，海底捞居然没有英文菜单和英文电话预订服务。要知道火锅在美国可并不陌生，尤其是在加州这种全世界各大民族都喜爱的地方，各种美食应有尽有，可就是没有哪家店不写英文菜单的。小肥羊在美国东西海岸开了12家门店，菜单从开业伊始就是中英合璧。

美国长大的娜塔莉还是很爱吃火锅的，她在海底捞开业第一周就开始打电话预订位子，惊讶地发现电话接通只有中文服务，而靠她会的区区几句中文根本无法沟通。然后她就跑门店排队去了，结果发现店内有数个空位子也让等，且 iPad 提供的菜单也是中文的！于是一气之下就跑到别的餐馆去了，用她的话来说："周围这么多很好吃的火锅店，我干嘛要耗在这里呢！"

海底捞的选址还是非常不错的，阿凯迪亚市在洛杉矶地区是富人区，亚洲人占将近50%，鼎泰丰、卢记火锅、北京烤鸭店都开在这里。而且海底捞还选择开在城市的商业中心，自然不缺人流。但每位约40美元的价位，也是吃过的食客抱怨的另一个大问题。

来过美国的人都知道，相比美国当地人的其他生活费用，吃的东西最便宜，在普通餐馆人均消费20美元可以吃得很不错。小肥羊、卢记这样的火锅店，人均消费水平也不过如此，更何况在午餐的时候都会推出"午餐特价"。海底捞人均消费40美元，同样价格在美国可以吃牛排套餐、龙虾套餐，还能外带餐前小菜或甜品。

喜欢海底捞的艾伦(Alan)对其美国第一店还是赞叹有加的，他喜欢这里装修、温和的服务还有菜也很新鲜，但是他也不由地感慨："两个人消费了68美元，还只点了一盘肉，真是贵啊!"鉴于火锅并没有太高的技术含量，他在试过之后表示，如果花40美元，"我更愿意自己到菜市场买菜，回家吃火锅去。"

以海底捞这份菜单来计算，1个锅底＋1个蘸料＋1盘肉＋1份鱼片＋1份青菜就基本40美元了。在中国，海底捞的人均消费大概是90元，普通火锅的人均消费为60元，海底捞免费零食、贴心的各种服务让人觉得贵上30元也值了。但在美国第一店，海底捞还没有提供适合美国人的贴心服务，价格却比其他火锅店贵了近一半，那海底捞就不得不动脑好好想想这部分多出的价钱美国人为啥要给你了。

三、海底捞应学习美式服务

美国人比中国人更会过日子，也更会算计。最重要的是美国文化从来都倡导不可浪费，普通人从来不讲究用奢侈品，更喜欢简单、舒适、自由。在餐馆，各人点各自的一份餐，吃不了带走，你是看不到剩下一桌子菜没人打包、一杯酒或饮料能剩下一大半的。

海底捞之所以在中国被热爱，因为其宗旨是：顾客要什么，我们就给什么。而在美国市场，海底捞要找出顾客需要的服务，并适应当地的文化，可能还要花上一段时间。

比如，美国人不容易接受店家发给发卡，在吃火锅的时候别住头发的；你也很难在下雨天帮顾客换上拖鞋，并提供烘干鞋子的服务：一来洛杉矶一年到头没几场雨，二来人人都开车，鞋子湿透的机会根本没有，再来美国人也不见得愿意把鞋给你，因为不习惯；还有就是，如果服务员听到顾客在交谈什么而马上表示"我们可以提供什么"，可能一分小费也得不到还要遭白眼，因为你偷听了顾客的隐私。

中国企业走到美国市场并不容易，像比亚迪、TCL等大型国企一样，这些企业在最初的几年都花了很多时间和财力找出一条适合自己走的路。饮食业则相对简单一些，海底捞即使没有"贴心的"特色服务也可以在美国走下去，毕竟小肥羊、卢记等都在美国市场活得很好，但唯一的问题就在于它的"性价比"。

资料来源：段皎宇. 海底捞美国水土不服. 新浪财经.

工作任务一　分析消费流行对消费者购买行为的影响

任务目标

知识目标：

1. 了解消费流行的含义、分类及发展趋势。

2. 掌握消费流行对消费者购买行为及心理的影响。

能力目标：

能够根据消费的流行趋势及分类，辨析对消费者购买行为的影响。

情感目标：

1. 培养学生团队合作精神。

2. 培养学生的观察能力及判断能力。

3. 培养学生分析问题、解决问题的能力。

任务分析

消费流行是社会生活中十分常见的重要现象，是影响消费者消费心理与消费行为的重要因素。在消费活动中，没有什么现象比得上消费流行更能引起消费者的兴趣了，因此，通过完成本任务学习，引导学生了解消费流行趋势对消费者心理和购买行为具有的影响。

任务知识

一、消费流行的概念

消费流行是一种社会经济现象，是在一定时期和范围内，大部分消费者呈现出相似或相同行为表现的一种消费现象。具体表现为消费者对新颖脱俗商品的追逐与争购浪潮，这种浪潮时骤时缓，有其独特的流行规律。此时，这种商品即成为流行商品，这种消费趋势也就成为消费流行。

消费流行作为一种市场现象在整个社会中随处可见。在我国出现过的消费流行有"养生热""美容热""户外运动热"等。随着与国际市场的接轨，消费流行越来越国际化、多元化，流行追求个性化等新动向。

二、消费流行的分类

（一）按消费流行的性质分类

▶ **1. 饮食类商品引起的消费流行**

这种消费流行是由于吃的商品的某种特殊性质包括的内容比较广泛，流行的商品种类较多，时间较长，地域较广。流行食品的价格，往往要略高于一般食品的价格。例如，健康无公害的食品，"绿色"的食品（如"绿色蔬菜""绿色无污染鸡蛋"）往往受到消费者的追捧。

▶ **2. 实用类商品引起的消费流行**

所用的商品由于能给生活带来巨大的便利而产生消费流行。如 3D 电视机不仅丰富了人们的生活使人们足不出户就可知天下事，还可以让消费者享受到像是在电影院看电影的效果和待遇。又如按摩床、按摩椅可以使我们消除疲劳，具有保健作用。

▶ **3. 穿着类商品引起的消费流行**

这类商品引起的消费流行，往往不是由于商品本身具有的性能，而是由于商品附带特性而引起消费者的青睐。如名牌衣服"LV""GUCCI"，不仅有保暖的特性，也可展现出消费者的身份及价值。

（二）按消费流行的范围分类

▶ **1. 世界性消费流行**

这种流行一般是来源于人们对世界范围一些共同关心的问题，流行的范围大，分布广。

▶ **2. 全国性的消费流行**

全国性消费流行一般来源于经济发达地区、沿海城市，是根据一个国家经济发展水平和生活条件而选择的某些商品。这类商品一般符合了一个国家人民的消费习惯和消费心理。如"烤箱"、"微波炉"等。

▶ **3. 地区性的消费流行**

这种消费流行最为普遍，从实质上看，这种消费流行有的取决于全国性的消费流行，有的取决于地区性的消费流行。

▶ **4. 阶层性的消费流行**

按照市场细分化的原理，可从消费者的年龄、文化程度、收入高低来进行。按照阶层性消费流行可以分为以下内容。

（1）自上而下依次引发的流行方式，是由社会上层领导人物或名人带头穿戴或使用，引起其他消费者的效仿和购买，从而形成社会流行。如影迷们总是喜欢模仿他们崇拜的电影明星的装束打扮。

（2）社会各阶层之间相互诱发横向流行的方式。如高跟鞋、韩式服装等，它是有社会的某一个阶层率先使用，而后向其他阶层延伸、普及。

（3）自下而上的流行方式。具体表现为从社会下层开始消费流行，逐渐向社会推广。这种流行方式的特点是速度慢、时间长。如"牛仔裤"原是美国西部牧牛人的服装，现在确实成了消费流行，每个消费者都至少拥有一条牛仔裤。

三、消费流行的特点

（一）骤发性

消费者往往对流行商品的需求急剧膨胀，迅速增长。这是消费流行的主要标志。

（二）短暂性

消费流行具有来势猛、消失快的规律，常常表现为"昙花一现"，其流行期或三五个月，或一两个月。同时，对流行商品，其重复购买率低，多属于一次性购买，从而也缩短了流行时间。

（三）周期性

消费流行尽管具有突发性、短暂性的特点，同时消费倾向从发源于市场到退出市场通常呈周期性发展，具体分为酝酿期、发展期、高潮期和衰退期。这个过程即为消费流行的周期。

（四）循环性

人类的消费流行在历史发展的路程上常常出现一种回返特征。在一段时间，流行商品受人们的偏爱，往往供不应求，十分紧俏。但是，只要消费热已过，这种曾风靡一时的俏货就会无人问津。然而，过一段时间后，那些早已被人们遗忘的流行可能重新在市场上出现。

英国一位研究服装问题的专家曾指出：如果一个人穿上离时兴还有 5 年的服装，可能会被认为是稀罕物；提前 3 年穿戴，会被认为是招摇过市，精神不大正常；提前一年穿戴，则会被认为是大胆的行为；而正在流行的当年穿，会被认为非常得体；但 1 年后再穿，就显得土里土气；5 年后再穿，就成了老古董；10 年后再穿，只能招来耻笑；可是过了 30 年后再穿，又会被认为很新奇，具有独创精神了。

（五）梯度性

由于流行受地理位置、交通条件、文化层次、收入水平等多种因素的影响，流行总是从某个群体或区域兴起，然后向周围扩散、渗透。于是在不同地区、不同群体中形成流行梯度。这种流行梯度使得同一时间，流行产品在不同的范围处于流行周期的不同阶段。

四、流行的发展趋势

在企业营销活动中，掌握消费流行的趋势，对于掌握企业营销的主动权，提高企业营销效益有着重要的意义。随着经济、政治、文化教育的发展，消费流行的发展趋势主要表现为以下几方面。

（一）范围广、速度快

由于消费流行的渠道多、速度快，往往就自发地形成一种"消费流行"，是众多的消费者所认可、所接收，使其消费流行的范围越来越广。消费流行是由上至下形成和发展的，它通常以名人明星或领袖人物带头提倡使用的，而后在社会的各个阶层流行开来的。例如旅游热、整容热、韩版服饰等。

（二）流行商品品种越来越多

随着现代科学技术和商品经济的发展，新产品、新技术、新花色、新款式都在不断地更新和增加，使人们的消费品越来越多样化。例如，现代科学越来越揭示出时间的价值，创造出各种使用最省时、最快捷方便的商品，影响着人们的消费观念。

（三）持续时间越来越短

消费流行的发展过程，与商品的生命周期一样，也有更新的规律。现代社会中，时代潮流在不断的加快步伐，使其消费流行的持续时间也在不断缩短。

首先是产品的更新换代加快。由于经济的发展，技术进步加快，产品的更新换代也在加快，新产品不断投放市场，本身就为加快消费流行创造了可能性。例如电脑、手机等电子产品。

其次是消费者购买力的增强。由于人们的生活水平在不断地提高，消费者的购买力也在提高，人们追求美，追求时髦及商品质量等方面的心理越来越强烈。所以消费者随时可能淘汰过时的商品，去重新购置新流行的消费品，使其导致了消费流行的持续时间越来越短。

五、消费流行的影响因素

消费流行的出现具有多方面的原因。

（一）某些消费流行的产生是源于商品生产者和销售者对利益的追逐

他们为扩大商品销售，努力营造出某种消费气氛，引导消费者进入流行的潮流之中。例如，法国巴黎是世界时装的窗口，这里发布的时装款式代表着下一季度流行时装的主打款式及色彩。而这些流行趋势主要是时装生产者和销售者为扩大经营，借助巴黎这一国际时装的权威性，来影响和推动众多顾客的消费方向。

（二）有些流行现象是由于消费者的某种共同心理需求造成的

大部分消费者在这种共同心理的影响下，主动追求某种新款商品或新的消费风格，从而自发推动了流行的形成。

对流行心理的分析表明，消费流行是规律可循的，因而也是可以预测的。企业可以通过对流行趋势的准确预测来制订相关营销策略，知道企业的生产经营活动。

六、消费流行的周期

消费流行的形成通常呈周期性发展，具体分为酝酿期、发展期、高潮期和衰退期。

（一）酝酿期

酝酿期的时间一般较长，只有少数好奇心强的消费者对即将流行的商品产生购买的欲望。在酝酿阶段，要通过预测洞察消费者需求信息，企业充分发挥新闻的权威作用和综合性广宣传，做好宣传引导工作，进行一系列的意识、观念以及舆论上的准备。在这个阶段，可以进行试销。

（二）发展期

流行商品由于其特色和优越的性能，开始被有社会地位及消费能力的顾客的注意，产生大量需求。并对社会产生示范作用。

在发展期阶段，企业要利用现有设备和人力，最大限度地扩大生产规模，全力开拓市场，大量销售产品。由于消费流行具有时间相对短暂、购买行为集中、一致的特征，要求企业可采取"短渠道"和"宽渠道"的销售策略，迅速扩大该产品的市场占有率。

（三）高潮期

在流行的高潮期，大部分消费者在从众心理的作用下，有意识和无意识地卷入消费流行中，商品在市场上广为流行。在高潮期内，购买流行商品的消费者数量会大幅度的增加，商品的销售数量也会大大地增加。此时企业应采取的营销策略是：一要加强广告宣传，提醒消费者注意辨别产品的真伪；二是提高产品质量，增加花色品种，扩大市场；三是加强市场预测，全力进行新产品的开发，做好转产准备。

（四）衰退期

在流行的衰退期，由于缺乏新奇感，消费者对商品的兴趣降低或是转移，销量呈递减趋势。衰退期企业采取的营销策略是：一是采取降价策略，抓紧机会抛售库存；二是迅速转移生产能力，试销新产品，迎接新一轮的消费潮流。

七、消费流行对消费者行为的影响

一般情况下，消费者购买商品的心理活动过程存在着某种规律性。例如，在购物前，会尽可能多地收集有关商品的信息；然后进行比较做出决策；在购物后，通过对商品的初步使用，产生对购买行为的购后评价。这些活动有一种正常的发展过程，循序渐进。但是，在消费流行的冲击下，消费心理发生了许多微妙的变化。

（一）消费流行加速了消费者对商品的认知过程

按正常的消费心理，顾客接受新商品的过程是一个学习认识的过程。有的是通过经验，有的是通过亲友的介绍，还有的是通过大众传播媒介传送的信息来学习。而消费流行的出现，使得大部分消费者的认知态度会发生变化，肯定倾向增加，接受新商品时间提前。

（二）消费流行使得消费者在购买过程中产生一种盲目的购买冲动

人们购买商品，是由需要产生购买动机，一般购买动机是比较稳定的。但是，在消费流行中，购买商品的驱动力会发生新的变化，有时明明没有需要，看到很多人购买，也加入了购买商品的行列，使得消费者在购买过程中产生一种盲目的购买冲动。

（三）消费者通过对流行商品的追求而获得心理上的满足

任何一种消费行为要形成消费流行，必须在一定时空范围内为多数人认同和参与使用。在消费流行中，形成了对某种商品、劳务的需求热，以及对某种消费形式的追求热。它既包括有形物质商品的消费热，如跑步机热、烤箱热等；也包括非物质商品的消费热，如街舞热、唱歌热等。这在通过购买流行商品从而获得心理上的满足感，特别是在服饰方面尤为突出。

任务实施

步骤1：组建营销小分队，以小分队为单位，按照每个项目的任务要求，通过分工协作，独立制订计划并实施计划，完成项目任务。每个小分队6～8人，可自由结组，优势互补；小组内保证必须男女皆有；需每个小组在完成任务过程中，小组成员不变；小组成员在不同的任务中要承担不同的角色，进行角色轮换。

步骤2：以小组为单位学习相关知识，针对熟悉的某品牌商品，制订引导消费流行的营销策略。

步骤3：小组讨论，整理资料，完成其任务方案。

步骤4：每组派代表就任务完成情况汇报。

步骤5：教师、企业专家、学生代表三方组成的成绩评定团进行评价。

任务评价

参照表3-1，对学生任务完成情况进行评价。

表3-1 任务评价表

考评项目	考评点	分值	评分	评分人签名
汇报	条理清晰，逻辑性强，普通话标准，声音洪亮，认识深刻，层次分明，逻辑性强，语句通顺	15		
报告内容	方案针对熟悉的品牌商品，制订引导消费流行的营销策略	50		
创新性	方案中提出的项目具有创新性，能够满足对应消费群体的心理，可行性强	20		
汇报PPT	制作精美，能够反映要表达的内容	15		
合计		100		

工作任务二 分析消费习俗和社会文化对消费者购买行为的影响

任务目标

知识目标：

1. 了解消费习俗、社会文化及亚文化的含义、特征及分类。

2. 掌握消费习俗、社会文化及亚文化对消费者购买行为及心理的影响。

能力目标：

能够根据不同的社会文化和习俗，辨析对消费者购买行为的影响。

情感目标：

1. 培养学生团队合作精神。

2. 培养学生的观察能力及判断能力。

3. 培养学生分析问题、解决问题的能力。

任务分析

在人们的社会活动中，消费观念、消费心理、消费方式和消费行为常常因文化和习俗的不同而有所不同。习俗和文化是一个地区、民族由于历史渊源与社会环境等差异而流传下来的独特的生活与消费方式，通过本任务的学习，引导学生了解不同的社会文化和习俗，这样不仅影响当地消费者的消费心理和购买行为，而且影响当地的市场需求。

任务知识

一、文化、亚文化及社会文化概述

（一）文化与文化特征

▶ **1. 文化的含义**

广义上的文化是指人类社会在漫长的发展过程中所创造的物质财富和精神财富的总和。狭义上的文化是指社会的意识形态以及与其相适应的文化制度和组织机构。

▶ **2. 文化的特征**

（1）群体性。文化是特定社会群体的大部分成员所共有的。文化通常被看作是把一个社会的成员联系起来的群体习惯。

（2）习得性。文化是一种习得行为，它不包括遗传性或本能性，而是通过人们从周围的社会环境学习得到的。

（3）无形性。文化的影响对消费者行为是潜移默化的，在多数情况下，我们根本意识不到文化对我们的影响。

（4）动态性。文化是在不断变化的，它有时会随着时间的变化而缓慢的演变。

（5）社会性。由上代传承下来的习惯和模式，包含着促进同一文化中成员间的相互交往、相互作用的社会实践。

▶ 3. 亚文化

亚文化是指某一文化群体所属次级群体的成员共有的独特信念、价值观和生活习惯。

人类社会是复杂度、生活体系的范围较为广泛，在这个总的体系内，存在着许多分系统，包括不同的国家、不同民族以及不同的社会意识形态，并以此构成不同的社会集团。在这些社会集团内，又可以分化出许多较小的集团，这就是亚集团。属于亚集团成员所具有的独特的生活方式、道德标准、行为规范，就成为亚文化。例如，我们国家有许多的民族，汉族、回族、满族等，每一个民族的风俗习惯和宗教信仰都是不同的。我们在学习文化与消费者行为的关系时，如果能充分考虑亚文化的影响，无疑会进一步加深我们二者之间的关系认识。

亚文化有许多不同的分类方法，目前，国内外营销学者普通接受的是将亚文化划分为民族亚文化、宗教亚文化、种族亚文化、地理亚文化。尽管有些亚文化群与主流社会或其他亚文化群的某些文化含义会有所相同，但是该亚文化群的文化含义必须是独特的、有特色的。

根据上述人口特征对亚文化群的划分不是绝对的。比如，一个人可以同时属于青年、汉族、教师等几个亚文化群。

跨文化营销

越来越多的企业在为它们的产品寻找新的市场和消费者时发现，虽然这个世界显得越来越小，但在不同文化环境中的消费者之间仍有很多差距。号称拥有这个星球上最好的比萨饼派送系统的多米诺比萨饼公司发现，在全世界派送比萨饼是不同的。例如，在英国，顾客不喜欢送货员敲门，他们认为这样很不礼貌；在日本，房子没有按照次序编号，因此经常要走过几条街才能找到一个地址；而在科威特，人们希望比萨饼被送到等候的汽车中而不是送到家门口。

不论经营的是汽车还是香皂，国际营销人员都有相同的体会——在一国吸引消费者的产品在世界其他国家并不一定吸引消费者的注意。比如，奇多公司在中国没有奶酪市场，因为大多数中国人不喜欢奶酪，很多人也不喜欢奶糖。因此，企业不得不为迎合当地口味而开发全新的产品。在发现日本消费者对可乐不太感兴趣后，可口可乐公司为日本开发了30多种新的饮料。对多米诺公司来说，一方面是保持全世界都一样的基本的比萨饼派送系统，同时协调各地的经销商使派送系统适合当地的需要。比如，日本奇怪的街道编号容易扰乱派送系统的工作，于是经销商使用比世界其他经销商大三倍的挂图帮助派送人员找到正确的位置。在冰岛，大多数的居民没有电话服务，多米诺公司通过在车上即可观看的电影院打开了该地的消费市场。在印度，牛被认为是神圣的动物，于是这个在46个国家拥有1 200多家销售店的公司为印度的比萨饼店开发了一种不加牛肉的辣香肠。

▶ **4. 社会文化**

社会文化是与基层广大群众生产和生活实际紧密相连，由基层群众创造，具有地域、民族或群体特征，并对社会群体施加广泛影响的各种文化现象和文化活动的总称。

每一个社会都有与自己社会形态相适应的社会文化，并随着社会物质生产的发展变化而不断演变。作为观念形态的社会文化，如哲学、宗教、艺术、政治思想和法律思想等，都是一定社会经济和政治的反映，并给社会的经济、政治等各方面以巨大的影响作用。

（二）文化对消费者行为的影响

▶ **1. 社会文化的不同对消费者行为的影响**

（1）社会文化影响消费者的物质和财富观念。物质和财富是否作为衡量成就的象征，而比阶级、阶层、家世、知识等更能获得社会的价值承认？在西方国家，财富被看成是成功的标志，成功的企业家是最受人尊敬的，并能获得社会的广泛认可。而在我国，像雷锋那样为人民服务的模范成为亿万人学习的榜样。在佛教徒和印度教徒看来，"无欲"才是理想的境界，对于财富和物质利益总是持消极的态度。

（2）社会文化影响消费者的审美观念。不同国家、不同民族、不同阶层的人他们的审美观念都是不一样的，这从不同的衣着打扮和建筑风格就可以看出来。比如，我国用"环肥燕瘦"来说明不同时代的不同审美观念，近几年，我国的青年人尤其是女性特别注重自己的形体方面，于是健身房、美容院和各种健身器材都非常热销，这都是新的审美观念带来的影响。

（3）社会文化影响消费者的价值观念。价值观是在同一文化下被大多数人所信奉和倡导的观念。这种信念反映了人们对某一类事物的看法和评价，并通过某种特定的规范来影响人们的行为。即使在相同的收入条件下，由于价值观念不同，人们的消费水平也是不一样的。如在我国，人们都有勤俭节约的消费意识，习惯于积蓄资财以养老或应付不测。但西方人特别是美国人则喜欢挣了钱就消费，表现出较强的即时消费心理。

（4）对时间和空间的观念。不同的国家、地区对时间和空间的认识及利用的观念是不同的，这也会导致消费的差异。一般来说，比较落后的国家和地区，人们的时间观念都不太强，而在发达国家，如美国、日本等，人们的时间观念非常强，因为"时间就是金钱"。

对于空间，不同文化对自然空间的利用也是不一样的。例如美国人喜好"地方越大越好"，汽车要宽大豪华，办公室追求宽敞，居住空间要求设备齐全、面积大；而日本人则不同，汽车要求小巧实用，办公、居住的空间也是精打细算，充分利用。在东京，IBM日本总部有5 000名销售人员，但只有4 300张办公桌，原因是任何时间还有不少于700名销售人员外出拜访客户。当销售人员来到办公室，首先要做的一件事就是在计算机上查看哪一张办公桌是空的。然后，从贮藏柜里取出个人文件箱并将其挪到空的办公桌上进行办公，一直工作到拜访下一位客户为止。

▶ **2. 亚文化的不同对消费者行为的影响**

（1）民族亚文化。不同的民族都有着属于自己独特的文化特征，包括信仰、语言、文字和生活方式等。我国有56个民族，每一个民族的亚文化都是不同的，如中国汉族过春节吃饺子、吃年糕和放鞭炮，元宵节吃元宵等。其他民族也有自己的"春节"，如傣族的泼水节、藏族的藏历年、水族的端节等，每一个民族都需要有各自富有民族特色的节日商品。因而要研究民族文化才能使企业对市场做出正确的判断，生产出适应不同民族特色的商品来。

（2）地域亚文化。不同地域的人由于生活环境和文化的影响，人们的消费习惯有着很大的差异。例如，从饮食来看，四川人喜食辣，浙江人爱吃甜，山西人爱吃醋，东北人爱吃咸；从地理环境对人的性格的影响看，北方人多豪放，南方人多细腻。

在世界范围内，地域文化特点也尤为突出，不同的亚文化，影响着人们的观念和行为方式。

不同的消费习俗

我国一家旅游公司，在接待一个意大利旅行团时，为表达好客之情，在旅客抵京伊始，向各位旅客赠送了印有"梅、兰、竹、菊"等图案的真丝手帕，结果引起一片哗然，甚至有一些旅客生气地提出了抗议。这是因为在意大利，手帕是临行送别的礼物，寓意"拭去惜别的眼泪"。另外，在意大利人眼中，我国人推崇、喜爱的菊花很不吉利，它一般用在丧葬礼式上，用作送给逝者的礼物。正是由于该旅游公司不了解意大利的消费习俗，才导致了这场不该有的误会。

除了要考虑各地人们不同的生活习惯，还要考虑到各地气候差异造成的不同消费倾向，如棉帽子、棉手套、羽绒服等物品在南方市场不会太好，而空调在新疆地区根本就派不上用场。

（3）宗教亚文化。不同的宗教，都有着不同的宗教信仰和禁忌，从而在消费行为方面也有着明显的差异。对于婚丧、嫁娶及饮食，每一个宗教都有各自的规定，教徒一般都必须严格遵守，否则会受到惩罚。例如，佛教禁止饮酒、食肉，他们认为食肉杀生，是对神的不敬；伊斯兰教禁食猪、狗等非反刍动物的肉、油、血，伊斯兰教的妇女一般禁止在公共场合坦露身体的各个部位，尤其是脸部，遮面头巾就成为她们的一种专用商品；基督教徒一般忌讳"13"这个数字，认为不吉利。所以，在西方国家，楼房的层数、房间号、电影院等公共场所的座位号，都避开了"13"这个数字。

（4）人种亚文化。不同的人种生理结构有所不同，其心理活动也是各有特色。他们在消费心理和行为上也是存在着差异。不同人种在体形、肤色、发色以及瞳孔颜色等方面具有很大差异，尤其是在化妆品、服装、饰物等颜色选择和搭配上。

民族性格与消费者行为

有这样一个有趣的故事：一家旅馆着火了，里面住的美国人、英国人、中国人、日本人纷纷想法逃命。火势一起，美国人立刻打开窗户往外跳，英国人则顺着楼梯往下跑，日本人忙着招呼同伴，而中国人却先去救他的父母。根据这一故事说明民族与其文化之间的关联。

分析：美国人的民族性格中具有务实与注重自我的特点，所以在这种情况下，他们会打开窗户自己先跳下去；英国人比较传统、保守，注重经验，所以他们会顺着楼梯往下跑；日本人重视"人群"关系，讲究合作，具有集体主义精神，所以他们不会忘记招呼同伴；中国人看重血缘关系和家族关系，讲究孝道，所以他们会先去救其父母。

二、消费习俗

(一)消费习俗概述

消费习俗是指一个地区或民族约定俗成的消费习惯，主要包括人们对信仰、节日、婚丧、服饰等物质与精神产品的消费习惯。这是人们在长期的消费活动中相沿而成的一种消费风俗习惯。

(二)消费习俗的特点

▶ 1. 独特性

凡是作为消费习俗存在的，总是形成于一定的自然、社会基础相应的，区别于其他习俗的特殊意识和行为，从而建立为众人共同认可与遵从的完整体系。

▶ 2. 群众性

消费习俗具有群众性，一种消费习惯如果适合大多数人的心理和条件，那就会迅速在广大的范围里普及，形成大多数人的消费习惯。

▶ 3. 长期性

消费习俗是人们在长期的生活实践中逐渐形成和发展起来的。一种习俗的产生和形成，需要长时间的沉淀与积累，从而形成了的消费习俗又将长期影响着人们的消费行为。

▶ 4. 社会性

社会环境是习俗产生的重要组成部分。社会性的消费习俗，有时会受社会环境、社会形态及社会意识的影响不断地更新变化。如越来越多的"洋节日"，在国人中流行开来，其中有圣诞节、情人节、万圣节等。

▶ 5. 地域性

消费习俗是特定地域范围内的产物，通常带有强烈的地域色彩。随着经济的不断发展，信息沟通的手段多样化，使人们的社会交往范围不断扩大和增加，因此，消费习俗的地域性有逐渐淡化的趋势。

(三)消费习俗的类别

▶ 1. 饮食方面的消费习俗

在我国，有以民族传统为基础形成的消费习俗，也有以地区生活习惯为基础的消费习俗，如南方人爱吃大米，北方人爱吃面食，而沿海居民主要以海鲜为食物等。但有时候饮食习惯也受供应条件的限制而形成，现在随着运输业的发达，这种地域限制造成的习俗差异越来越小。

▶ 2. 服饰方面的消费习俗

我国的少数民族按地域不同，服饰方面的消费习惯也是各具特色。由于各民族的传统不同，在服饰方面也表现出了强烈的民族特色；南北气候差异大，产生了不同的服装消费习惯，如夏天北方人喜爱穿纯棉的衣服，南方人则喜爱穿丝绸做成的衣服。

▶ 3. 住宿方面的消费习俗

受不同地区生活环境及经济发展水平差异的影响，人们住房建造与住宿方式也有很大的不同。如在陕北地区，人们习惯于把房屋建成窑洞式。

▶ 4. 喜庆性方面的消费习俗

它是为了表达人们的各种美好情感，实现美好愿望而产生的某种需求的消费习惯。如西方情人节要买玫瑰花，圣诞节要买圣诞树和礼物；在我国春节要买鞭炮、吃饺子，中秋节吃月饼等。

▶ **5. 宗教方面的消费习俗**

这类消费习俗是由某种宗教信仰演化而来的，如伊斯兰教的开斋节、基督教的复活节、犹太教的成年礼等都属于传统的宗教节日。这些节日有着特定的消费活动和习惯。

▶ **6. 社会文化方面的消费习俗**

这类消费习俗是有社会经济、文化发展引起的消费习俗，具有深刻的文化内涵。在我国较有影响的文化消费习俗主要是各种地方具有特色的文化活动，如四川自贡的花灯节、山东潍坊的风筝节、南北地区风格各异的舞狮活动等。

（四）消费习俗对消费者心理的影响

▶ **1. 消费习俗可以给消费者心理带来稳定性和购买行为的习惯性**

消费习俗是长期形成的，所以消费者在购买商品时往往会形成一定消费习惯。如端午节买粽子，元宵节买元宵等。

▶ **2. 消费习俗强化了消费者的心理行为**

在消费习俗的影响下，消费者形成了对地方风俗的特殊偏好，这种偏好直接影响着消费者对商品的选择，并不断强化这种消费心理与行为。

任务实施

步骤1：组建营销小分队，以小分队为单位，按照每个项目的任务要求，通过分工协作，独立制订计划并实施计划，完成项目任务。每个小分队6～8人，可自由结组，优势互补；小组内保证必须男女皆有；每个小组在完成任务过程中，小组成员不变；小组成员在不同的任务中要承担不同的角色，进行角色轮换。

步骤2：以小组为单位学习，搜集中国传统节日的资料，为××节（中国的传统节日）设计新产品。

要求：节日的介绍要简单清晰；新产品的开发要形成产品概念，详细阐述新产品在满足的人们的消费习俗、消费习惯和消费心理。

步骤3：小组讨论，整理资料，制作汇报PPT。

步骤4：每组派代表就任务完成情况进行汇报。

步骤5：教师、企业专家、学生代表三方组成的成绩评定团进行评价。

任务评价

参照表3-2对学生任务完成情况进行评价。

表3-2 任务评价表

考评项目	考评点	分值	得分	评分人签名
人员汇报	条理清晰，逻辑性强，普通话标准，声音洪亮，分析报告语言逻辑严谨、语句通顺、用词准确	10		

续表

考评项目	考 评 点	分　值	得　分	评分人签名
节日描述	简练、清晰	20		
产品描述	新产品要形成产品概念，要符合传统节日的风俗习惯	20		
需求分析	要从消费习俗、消费习惯和消费心理方面分析新产品怎样满足人们的情感需要	20		
创新性	方案中提出的项目具有创新性，能够满足对应消费群体的心理，可行性强	20		
PPT	制作精美，能够反映要表达的内容	10		
合计		100		

工 作 任 务 三　分析个性心理对消费者购买行为的影响

任 务 目 标

知识目标：

1. 了解个性心理的基本理论。

2. 了解不同气质类型的人的行为特点。

能力目标：

1. 能够根据顾客购买行为表现，准确辨析顾客气质类型，并能根据顾客的气质类型实施恰当的接待技巧。

2. 能够对消费者的性格作剖析，明确性格理论对营销成败的影响作用。

情感目标：

1. 培养学生团队合作精神。

2. 培养学生的观察能力及判断能力。

3. 培养学生分析问题、解决问题的能力。

任 务 分 析

通过完成此任务的学习，引导学生了解消费者在购买活动中所表现出来的千差万别的行为，主要是由于消费者的不同个性心理特征所决定的。

任 务 知 识

个性心理特征是指个人带有倾向性的、本质的、比较稳定的心理特征的总和。它体现个体的独特风格、独特心理活动以及独特行为表现。它是人们在一定的生理基础上，在一定的社会历史条件下，通过社会实践活动形成和发展起来的，具有稳定性、整体性、独特性、倾向性和可塑性的特点。

消费者在购买活动中所表现出来的千差万别的行为，主要是由于消费者不同的个性心理特征所决定的。人的个性心理特征的形成和发展，既受先天因素影响，也受后天因素影响，并在一定社会历史条件下通过社会实践活动逐步形成的。因此，研究和学习消费者的个性心理特征，不仅可以解释不同消费者的购买行为，还可以进行有针对性的营销服务工作，对提高企业营销活动的效率有着重要的指导意义。

一、消费者的气质

气质是消费者典型的个性心理特征之一，对消费者的购买行为起着重要的影响作用。消费者气质的差异导致每个消费者在进行各种消费活动时表现出不同的心理活动过程，形成各自独特的购买行为色彩。

（一）气质的含义

气质是指个体心理活动中典型的、稳定的动力特征。这种心理活动的动力特征主要表现在心理活动的速度、强度、灵活性及指向性上。在生活中，不同的人在同一件事情上所表现出的心理是不同的。在速度上，有人的思维敏捷、动作伶俐，而有的人三思而行、动作缓慢。在强度上，有的人性情暴躁，而有的人则不温不火。在灵活性上，有的人转变很快，而有的人则比较固执。

气质作为个体稳定的心理动力特征，一旦形成便会长期保持下去，并对人的心理和行为产生持久影响。也就是说，一个人的气质往往表现出相对稳定的、持久性的，不易改变的特点。但是随着生活和环境的变化及影响，在一定程度上是可以改变的，但这一变化是相当缓慢的、渐进的过程。

（二）气质的基本类型

古希腊医生希波克拉底的"体液说"提出最早也较为流行，他认为人体内有四中液体，即：血液、黏液、黄胆汁、黑胆汁，由于它们在人体内所占的比例不同，把人的气质划分为四种类型。

▶ 1. 多血质

这种气质的人属于活泼型消费者。表现的心理特征为：活泼好动，反应迅速，有较强的适应能力，善于与人交往；但是情感不够深刻稳定，注意力容易随兴趣的变化而转移。

▶ 2. 胆汁质

这种气质的人属于兴奋型消费者。表现的心理特征为：直率热情，精力旺盛，反应迅速；但心境变化剧烈容易冲动，脾气暴躁。

▶ 3. 黏液质

这种气质的人属于安静型消费者。表现的心理特征为：安静，沉着稳重，善于克制忍耐，情绪不外露，注意力稳定；但不够灵活，不善言谈，缺少生气。

▶ 4. 抑郁质

这种气质的人属于抑制型消费者。表现的心理特征为：善于观察细小的事情，情感体验深刻；但情感很少外露，敏感多疑，多愁善感，缺乏自信心。

以上四种基本类型是具有典型性的，但是现实生活中有许多属于混合型，更多的人是以某种气质为主，同时兼有其他气质类型的特点。

不同气质类型的人看戏迟到的表现

四种不同气质类型的人，他们都遇到"看戏迟到"这一事实。在同一事实面前，他们各自的举止、言行的表现是会非常不一样的。

胆汁质的人会与检票人员争吵起来，甚至企图推开检票员，冲开检票口，径直跑到自己的座位上去；他还会埋怨说，戏院的时钟走得太快了。

多血质的人明白检票人员不会放他进去，他不是去与检票人员争吵，而是悄悄跑到楼上另寻一个适合的地方来观看戏剧表演。

黏液质的人看到检票人员不让他从检票口进去，他想反正第一场戏不精彩，还是暂且到小卖部待一会儿，等中间休息再进去吧。

抑郁质的人会说自己老是"不走运"，偶尔来一次戏院，就这样倒霉，接着就垂头丧气地回家去了。

资料来源：马中宝，陈德余. 消费者心理学[M]. 北京：机械工业出版社，2011.

（三）消费者的气质对购买行为的影响

气质是人典型而稳定的个性心理特征，因此消费者的气质类型特征必然会影响消费者的购买行为。

▶ 1. 活泼型消费者

这种类型的消费者在购买的过程中善于表达自己的愿望，反应灵敏，有较多的商品信息来源；对购物环境有较强的适应能力；决策过程迅速，审美意识强，易受商品外观、商品包装的影响，有时也会由于缺乏深思熟虑而做出轻率的选择；善于交际，乐于向销售人员进行咨询、沟通所要购买的商品，因此，对这类消费者施加影响比较容易起作用。接待这类消费者时，只要做到不厌其烦的有问必答，尽量帮助他们缩短购买过程，做好他们的导购及参谋即可，必要时可帮助他们选择一项最优方案。

▶ 2. 兴奋型消费者

这种类型的消费者在购买的过程中较为兴奋，性格外向、心急口快，一旦感到需要，就迅速产生购买动机并很快完成购买行为，不愿意花太多时间进行比较，而事后又往往后悔；喜欢购买标新立异，追求新潮的流行商品。胆汁质的消费者在购买的过程，易受周围环境感染，消费人员如热情接待，他们便会考虑进行购买；相反，如对销售人员的服务不满，或稍有不如意，则易引发他们急躁情绪乃至发生冲突。所以，接待这种类型消费者，销售人员要眼明手快，及时应答，服务周到，对这类消费者还可以在销售时为其介绍新产品。

▶ 3. 安静型消费者

这种类型的消费者在购买的过程中比较冷静、慎重，对商品刺激反应缓慢，不易受广告宣传；情绪稳定，善于控制自己，喜欢与否不露声色；喜欢通过自己的观察、比较做出购买决定，不易受销售人员和商品包装的影响。接待这种类型的消费者过于热情或言语不当，都很容易引起他们的反感。

▶ 4. 抑制型消费者

这种类型的消费者在购买的过程中对商品的挑选比较缓慢而过于仔细，购买行为较为优柔寡断，情绪变化缓慢，不愿与他人沟通，对销售人员的推荐心怀戒备，有时因犹豫不决而放弃购买，而有时买后还会怀疑是否上当受骗。接待这类消费者要有耐心，对他们可作些有关商品的介绍以消除其疑虑，促成销售。

 案例

电信公司投诉调查

中国电信公司经过调查研究发现，重复投诉电信服务的大多数客户属于活泼型和兴奋型客户。这两类客户的高级神经活动兴奋性高，抑制能力差，特别容易冲动。

经过调查，不同类客户在投诉时的心理主要有以下三种。

1. 发泄心理。这类客户多是兴奋型的客户。他们在接受电信服务时，由于受到挫折，通常会带着怒气和抱怨，通过投诉要把自己的怒气和抱怨发泄出来，这样客户的不快的心情由此得到释放和缓解，以维持心理上的平衡。

2. 尊重心理。这类客户多是安静型的客户。这类客户情感丰富。他们在使用电信服务产品过程中产生的挫折和不快，进行投诉时，总希望商家认同他们的投诉是对的和有道理的，他们最希望得到的是同情、尊重和重视，他们希望商家向其表示道歉和立即采取相应的措施。

3. 补救心理。这类客户多是活泼型的客户。这类客户投诉的目的在于补救，补救包括财产上的补救和精神上的补救。例如电信用户反映最强烈的短信息服务业务中的知情权问题，诸如建立和终止某项业务的条件、方式的不透明等问题。因此客户在投诉时，希望在财产和精神上同时得到补救。

（四）气质对于营销人员的影响及管理

在消费者服务领域的管理工作中，气质有时的确能决定一个人干什么较为容易胜任，干什么比较困难，我们应当安排有利于发挥营销人员气质特长的岗位。比如，多血质和胆汁质的人适合做灵活迅速反应的工作；黏液质和抑郁质的人适合做细致和持久性的工作。因此，不同气质类型的人在从事同种工作时，他们的效率是不同的。管理者在选择工作人员时应当根据测定人的气质特征来安排适合他的工作岗位。

在管理的过程中，对职工的教育方法要因材施教，因人而异。其中一个重要方面就是针对不同气质特征的人，要有针对性地进行培训和教育，如表3-3所示。

表3-3 针对不同气质类型员工的教育方法

多血质型员工	胆汁质型员工	黏液质型员工	抑郁质型员工
1. 着重培养扎实、专一的精神和用于克服困难的精神，防止见异思迁。 2. 创造机会和条件，多给予活动机会。 3. 对其缺点可以进行严厉的批评	1. 着重培养自制能力和坚持不懈的精神。 2. 可以进行有说服力的批评	1. 着重培养热情，开朗和生气勃勃的精神。 2. 对其缺点的批评、教育要有耐心	1. 着重培养亲切、友好、善于交际以及富有自信心的精神。 2. 对其弱点和缺点要多关心，不宜在公共场合指责，不宜进行过于严厉的批评，要多鼓励，增强自信心

二、消费者的性格

性格是个人对现实的稳定态度和习惯化的行为方式，它是人的个性中最重要、最显著的心理特征。

（一）性格的含义

性格是一个人对现实稳固的态度以及与之相适应习惯化了的行为方式。性格是个性心理特征中最重要的方面，它通过人对事物的倾向性态度、活动、意志和言语等表现出来。比如，有的人对劳动总是持否定态度，从而养成了懒惰的习惯，而有的人对劳动则是一贯积极，养成了勤劳的特点。性格受一定思想、意识、信仰和价值观的影响，是在个人生理素质的基础上，通过社会实践活动逐渐形成、发展和变化的。人的性格的形成，有先天的因素，如人们的高级神经活动类型，神经系统的暂时神经联系等各不相同，后天所处的社会环境及教育条件的千差万别，所以人们的性格也存在着明显差异。

性格与气质既有联系又有区别，气质可以渲染性格特征，从而使性格特征具有独特的色彩。同时，气质可以影响性格特征的形成和发展速度以及性格的表现方式，性格则对气质具有重要的调控作用，可以在一定程度上掩盖或改造气质，使气质的消极因素受到抑制、积极因素得到发挥。性格虽然也是一种比较稳定的心理特征，但与气质相比更易于改变，即具有较强的可塑性。气质与性格是相互渗透、相互作用的，两者都以人的高级神经活动类型为生理基础。但性格更多地受社会生活条件的制约，具有明显的社会性。

（二）性格的特征

性格的构成是十分复杂的，由于每个人的性格特征组合的情况及表现形式不同，因而形成了各种各样的性格。从总体上看，性格的结构特征可从四个方面进行分析。

▶ **1. 性格的态度特征**

性格的态度特征是指一个人如何处理社会各方面的关系的性格特征，即他对社会、对集体、对工作、对劳动、对他人以及对待自己的态度的性格特征。性格的态度特征，好的表现是热爱祖国、关心他人、大公无私、正直、诚恳、文明礼貌、谦虚谨慎等；不好的表现是没有民族气节、对集体和他人漠不关心、自私自利、损人利己、奸诈狡猾、不负责任等。

▶ **2. 性格的意志特征**

性格的意志特征是指一个人是否善于自觉地控制自己的行为。有的人能迫使自己取执行已制订的决定，并自觉抑制自己的冲动行为；而有的人则任性，常放弃已有的决定，对自己不加约束。按照意志的品质，良好的意志特征是有远大理想、独立自主、积极主动、果断、坚韧不拔、自制力强等；不良的意志特征是盲目性强、优柔寡断、放任自流、任性等。

▶ **3. 性格的情绪特征**

性格的情绪特征是指人们在情绪活动中表现出来的在强度、稳定性、心境性质等方面的性格特征。良好的情绪特征是情绪稳定、常常处于积极乐观的心境状态；不良的情绪特征是事无大小都容易引起情绪反应，并对身体、工作和生活的影响较大。

▶ **4. 性格的理智特征**

性格的理智特征是指人们在认识过程中表现出来的性格特点。例如，有的人善于观察，有的人善于推理；有的人善于形象生动，有的人善于抽象深刻；有的人现实，有的人则多想象等。

性格特征的四方面是相互联系的有机体，最主要的是性格的态度特征和性格的意志特征，其中又以性格的态度特征最为重要。每个人在性格上都有自己的优点或缺点。在销售过程中应掌握人的性格特征，应在方式上对不同顾客做到因人而异。

（三）性格的类型

由于人的性格现象极端复杂，性格类型的划分标准也有所不同。比较重要的划分方式有以下几种。

▶ 1. 按心理机能划分

英国心理学家培因提出来的心理机能学说，根据人的心理机能哪一方面占优势，可以把性格划分为理智型、情绪型和意志型。

理智型的人以理智占优势的性格，这种人善于冷静地进行理智的思考、推理、用理智来衡量事物。

情绪型的人，他们的情绪体验深刻，不善于进行理性思考，行为易受情绪左右，处理问题喜欢感情用事。

意志型的人以意志占优势的性格，这种人具有明确的行为目的和较强的自制能力，具有独立的个人见解，较少受外界的影响。

▶ 2. 按个体独立程度划分

这种按个体独立来划分为标准方法在西方较为流行，把人们的性格划分为独立性和顺从型。

独立性的人能够独立地判断事物，不易受外界事物和因素的干扰，他们善于独立发现问题和解决问题，较少依赖他人。

顺从型的人倾向于以外在参照物作为信息加工的依据，他们独立性差，易受暗示，喜欢听取同伴或陌生人的意见，解决问题时犹豫不决。

▶ 3. 按个体心理活动倾向性划分

美国心理学家艾森克提出按照个体心理活动倾向性来划分性格，分为外向型和内向型。

外向型的人心理较为外向，开朗活泼，善于交际，对外部事物较为关心，表情和情感都显外露，待人接物比较随和。

内向型的人心理活动倾向于内部，沉默寡言，情感深沉、反应缓慢，内心活动不外露，接人待物小心谨慎，不善交际。

▶ 4. 按文化生活和价值观划分

根据人类文化生活的形式和价值观的不同，可以划分为理论型、经济型、社会型、权力型、宗教型。

理论型，这种性格的人遇事较为冷静，能客观地观察事物，进行分析，自制力强，对于情绪有较强的控制力。

经济型，这种性格的人倾向于务实，从实际出发，注重物质利益和经济效益。

社会型，这种性格的人重视爱，以爱他人为其最高价值，为人善良随和，宽容大度。

权力型，这种性格的人重视权利，并在实际生活中表现为努力追求以获得权力，喜欢控制和指挥别人。

宗教型，这种性格的人大都有自己的宗教信仰，他们重视命运和自然的力量，对人性和生命抱有美好的看法。

性格是非常复杂的心理现象，它包括各个方面，有多种多样的特征。所以，消费者的性格类型也难以做统一界定，只能在与消费实践的密切结合中加以研究和划分。

（四）消费者的性格对购买行为的影响

消费者千差万别的性格特点往往在购买行为中起到核心作用，他们对消费活动的态度和习惯化的购买行为方式以及个体活动的独立性程度上都有所不同，从而构成千姿百态的消费行为。

▶ 1. 消费者的性格与消费态度

（1）节俭型。节俭型的消费者崇尚节俭，反对不必要的开支和浪费。他们在选购商品时的标准是商品的质量和实用性，不太受商品的品牌、外观以及宣传方面的影响，购买时只看重商品的实际效用。

（2）从众型。从众型消费者态度随和，生活方式比较大众化，购买行为也易受群体影响较大，跟自己相仿的消费群体能掌控好一致的消费水平和模式。

（3）保守型。保守型消费者大都比较严谨、习惯于传统的消费方式，对于新产品、新观念接受较慢，有时还抱有怀疑的态度。在选购商品时喜欢购买传统的和之前用过的商品，不太愿意尝试新产品。

（4）随意型。随意型消费者的消费态度比较随便，选购商品时随机性较大，选购标准也往往多样化，经常根据实际需要和商品种类的不同采取不同的选择标准，受外界影响和宣传较大。

▶ 2. 消费者的性格与购买方式

（1）习惯型。这类消费者往往根据以往的购买和使用经验决定购买行动。当他们对某一品牌或商品熟悉并产生偏爱后，便会经常重复购买，不轻易改变自己的信念，不易受外界因素的影响。

（2）挑剔型。这类消费者都有着较为丰富的商品知识和购买经验。因此在选购商品时，自己选购商品的主观性很强，很少征求别人的意见，常常还会货比三家，选购商品极为细心。

（3）理智型。这类消费者大都受理智支配，遇事冷静，较为稳重。在购买的过程中善于控制自己的情绪，常根据自己的实际需要和购物经验做出决定。他们在购物之前往往会搜集很多关于商品的很多信息，慎重考虑后才会做出购买行为。

（4）冲动型。这类消费者情绪特征非常明显，对外部刺激反应非常敏感。易受商品的包装，广告宣传等因素的影响，喜欢追求新产品和时尚商品。他们对商品价格、功能考虑不多，常凭个人一时冲动。

▶ 3. 消费者的性格与营销活动

有经验的销售人员，往往能根据顾客的衣着和言行举止来判断其性格特点，并调整自我的应对方式，以便进行营销活动。但有时销售人员对顾客的性格把握不当，就会使营销活动半途而废。因此，销售人员应掌握有关性格的不同表现和应对策略。

(1) 对待购买速度快慢不同消费者的策略。由于性格不同，有的消费者在选择商品时速度很快，而有的则比较缓慢，有时甚至对商品的购买犹豫不决，常常会放弃购买。对此，销售人员应做出恰当的判断和把握。

对待购买速度快的消费者，销售人员应主动为其把握好商品的质量关，对有些消费者明显没有深思熟虑而做出的决定，应慎重对待，以免其后悔退货。

对待购买速度慢的消费者，销售人员不能表现出不耐烦，而应为其全面的介绍商品，对这类顾客要有十足的耐心。

(2) 对待言谈多寡不同消费者的策略。购买行为活动中，有些消费者善于表达自己的感受和意见，并喜欢和销售人员交谈，而有的则沉默寡言，不善交际。针对这两类顾客也有不同的方式。

对待喜欢表达的消费者，销售人员在打交道的时候要掌握分寸，应答得体，多用服务性专业语言，营造一个愉快的氛围。

对待不善言谈的消费者，销售人员就要靠自己敏锐的观察力来判断并把握好其心理活动，一般可以从消费者的动作、表情和眼神中判断其喜好和注意的对象，进而用客观的语言介绍商品，使其促成购买行为。

(3) 对待购买行为积极和被动的消费者的策略。行为积极地消费者一般目的明确，在购买过程中，行为举止和言语表达都非常准确。对于这类消费者，销售人员要做到好好地配合即可，一般而言，这类消费者接待起来较为容易。

购买被动的消费者，他们的目标往往不明确，他们能否实现购买行为，有时与销售人员的态度和引导有很大的关系。对这类消费者，销售人员应积极主动的接待，态度要热情，要善于利用一些广告宣传的手段来刺激他们的购买欲。

由此可见，消费者的兴趣、气质和性格等个性心理特征，对其购买行为的影响是非常大的，是构成不同消费行为的重要心理基础。现实生活中消费者的心理和行为是复杂的，并非如此的典型化，因此，我们必须结合营销活动的现实环境及具体的消费者个性特征来研究人们的消费行为。

任务实施

步骤1：组建营销小分队，以小分队为单位，按照每个项目的任务要求，通过分工协作，独立制订计划并实施计划，完成项目任务。每个小分队 6~8 人，可自由结组，优势互补；小组内保证必须男女皆有；每个小组在完成任务过程中，小组成员不变；小组成员在不同的任务中要承担不同的角色，进行角色轮换。

步骤2：以小组为单位学习，探讨归纳不同气质类型顾客的购买表现及接待技巧（以表格形式呈现）见表3-4。

步骤3：小组讨论，整理资料，完成其任务方案。

步骤4：每组派代表就任务完成情况汇报。

步骤5：教师、企业专家、学生代表三方组成的成绩评定团进行评价。

表3-4 不同气质类型顾客的购买表现及接待技巧

班　　级	日　　期
不同气质类型顾客的购买表现及接待技巧	
一、兴奋型顾客的购买特点：	
促使其购买的接待技巧：	
二、活泼型顾客的购买特点：	
促使其购买的接待技巧：	
三、安静型顾客的购买特点：	
促使其购买的接待技巧：	
四、抑制型顾客的购买特点：	
促使其购买的接待技巧：	
小组成员：	

任 务 评 价

参照表3-5，对学生任务完成情况进行评价。

表3-5 任务评分表

考评项目	考评点	分　　值	得　　分	评分人签名
汇报	条理清晰，逻辑性强，普通话标准，声音洪亮，分析报告语言逻辑严谨、语句通顺，用词准确	20		
报告内容	兴奋型、活泼型、安静型、抑制型顾客的购买特点及促使其购买的接待技巧	50		
创新性	方案中提出的项目具有创新性，可行性强	20		
PPT	制作精美，能够反映要表达的内容	10		
合计		100		

工 作 任 务 四　分析群体心理对消费者购买行为的影响

任 务 目 标

知识目标：

1. 了解社会群体对消费者购买行为的影响。

2. 掌握不同年龄群体、性别群体、职业群体和家庭不同时期的消费心理特征。

能力目标：

能够根据不同的社会群体的购买行为特征，辨析各年龄段消费品市场营销的心理策略。

情感目标：

1. 培养学生团队合作精神。

2. 培养学生的观察能力及判断能力。

3. 培养学生分析问题、解决问题的能力。

消费者在市场中所表现的各种消费心理现象，是由社会因素和个人因素形成的。社会因素主要包括人们的年龄、性别、职业、经济收入等，其差异使消费者形成了互有区别的群体市场心理。通过本任务的学习，引导学生了解各种消费者群体心理的形成和变化规律，以及对消费者购买行为的影响。

案例

网商怎样挣到女人的钱

女人的钱好挣，女人容易上当，容易冲动，有强烈的购买欲望，开心的时候购物，烦恼的时候购物，平淡的时候也要购物来让自己开心；从家庭上，自己挣的钱养活自己不算，老公挣钱了要给老婆花，情人节、妇女节、结婚纪念日、生日、圣诞节、春节，只要是老婆想要，总会找到理由，而且老公动作慢了还不高兴，聪明的老公知道，这笔钱早晚要花，还不如趁早乖乖就范，博美人一笑。

女人的钱也不好挣，女人比男人挑剔，爱算计。男人根本不懂，女人为什么会选这个，为什么要买那个？有时候会因为虚荣心，看到网上的商品评论说，"我男朋友给我买的我很喜欢"这么一句话，也非要老公给买不可。有时候明明知道自己身材已经穿不上了，还要买下来模特穿着非常好看的衣服，理由是督促自己减肥。所以，一个女人买你的产品，你永远不会明白，她为什么买你的产品。因为一万个女人，会有一万个理由。

所以，垂直电子商务网站只要快速迎合上女人购物的理由，一瞬间产品与需求的各种匹配让女人冲昏头脑，就可以产生订单，到达垂直电商"借到光"的目的。

第一个迎合理由：风格匹配

只要是女人觉得漂亮的服装、鞋帽、首饰，就有穿戴到自己身上的欲望，并且有产生购买的欲望，同时还有一种独占欲，不希望其他女人也买到与自己相同的衣服。每一个女人都希望自己的美是独一无二的，自己的风格是与众不同的。

如何确定用户喜爱的风格，推荐与之匹配的产品。可以通过用户的收藏、关注、搜索等信息，甚至包括个人的年龄段、三围尺寸，所在地区、民族、喜爱的女明星、个人星座等，所有能够获取的靠谱和不靠谱的信息，综合分析出用户喜爱的风格。让女人认为，这件衣服就是为她而设计和制作出来的。

第二个迎合理由："与众不同"还是"与众相同"

女孩子念书的时候，往往不喜欢穿校服，原因就是无法展示自己的特色。所以，女人买衣服也很少会购买与同事小李、小王一模一样的衣服。

如何降低这种撞衫的概率呢。网站可以在产品详细页面上，不单单展示销售了多少件，还可以显示用户所在地域销售的件数。

当然，如果是化妆品、减肥产品、家庭用品，则用户更容易受到从众心理的影响。

所以，要根据不同种类的产品具体分析，是用从众心理合适，还是与众不同的心理合适。网站做到有针对性的暗示。

第三个迎合理由：选择性困难症的"辅助治疗"

其实，无论男女，都有选择性困难。其实，不是选择困难，而是没钱。用户用于消费的钱是有限的，但是符合用户需求的产品是多种多样的。便宜的产品，不好看；便宜又好看的产品，质量怕不好；便宜、好看、质量又好的产品，搜索不到。现在的电商，讲的是全网最低，就不单单是一家网站，而是面向所有网上销售渠道横向比较。

来到网上购买产品的，都是图比实体店要便宜才来的。所以，价格是一个非常重要的指标。但是款式和质量同样重要。这三个指标，其实是三个不同纬度。但是用户，总是觉得价格高的，各方面都好。这其实是一种歧视，但是确实经验之谈。就如同买新西兰的奶粉，就比国内的奶粉质量好。其实，这里多付出的成本，主要是为了降低选择错误的概率，降低风险。

当用户在购物车里，或者关注里，关注了几款相似的产品，就是用户考虑购买其中之一了，用户不喜欢的连看都不会看，别说关注收藏了。所以，这时候用户无论买哪一款都是正确的，也都会后悔。需要有一个外力帮助用户解决这个纠结的状态。这时候，哪个网站解决好了这个问题，哪个网站就会获得这个订单。

网站可以定期统计用户同时关注的产品的情况，每周某一天用促销的形式，推动用户做出一个答案。也可让用户按顺序标出，自己喜欢的顺序，商家可以考虑如何降价，或者赠送一些面膜、化妆品的体验装等，帮助用户解决长期关注犹豫不决的选择。其实这时候只需要一点点的外力，就可以让用户做出决定。

这里不得不多提的一句，"饥饿营销"也是一种治疗选择性困难症的绝佳方式。缺点是，前期要足够的宣传，并且保证自己的产品别人无法复制。

第四个迎合理由：售后与信誉的保证

如果把卖出一个产品比作一场百米赛跑，电商还是实体店，都是这场赛跑的参赛选手。卖出产品，并不是这场赛跑的终点。所谓"行百里者半九十"，想挣钱不能靠一锤子买卖。单单靠一些统计数据，什么销量、皇冠钻石的等级，都是虚的。毕竟每个用户的体验，就是那么几个字儿，"好"或者"不好"。如果真的让用户觉得产品好，那么下次再买同样的产品，一定优先选择曾经令她购物愉快的店铺。

每个女人都很心细。如果你的服装，扣子上能多缝几针，碎线头能少一些，照片与实物符合度更高一些，尺码更标准一些，相信你的用户体验会好很多。如果让用户宁愿付费而退货，相信这个用户已经把你的商店拉入黑名单了。

总而言之，说了这些观点，有些是与女人爱美有关，有些看似与爱美无关，但本质还是与女人爱美有关，爱美不单单是女人爱自己外貌的美，还包括女人都是完美主义者，她们还追求购物过程的完美。如果让女人在购物过程中感到快乐，那么她们绝对会把访问网站当成一款游戏来玩，并且乐此不疲。前提是款式、质量、价格都要做到极致。

资料来源：孙晴．女人钱好挣也不好挣，关键看你怎么打动她们．钛媒体．

一、消费群体

（一）消费群体

群体是指两个或两个以上的消费者相互影响互相作用的集体。群体是社会生活的基础，没有群体，正常的社会生活就难以进行。

消费群体是指有消费行为且具有一种或多种相同的特性或关系的集体。消费群体并不是个体的简单聚集，而是消费个体通过一定的目的、一定的方式结合而成的。从消费心理角度分析，研究群体是非常有必要的。一方面，消费群体具有一致性的特征。这主要是指群体成员在群体规范或标准下取得的一致性，包括内在的一致性、信息的一致性、屈从的一致性、鉴别的一致性。另一方面，群体成员在接触和互动过程中，通过互相影响与学习，产生的态度、信念和规范有时会相同，这对他们的消费行为将产生潜移默化的影响。

（二）消费群体的分类

▶ **1. 按照不同年龄划分**

按照年龄不同划分，分为婴幼儿消费群体，该群体的年龄范围是0～6周岁；儿童消费群体，该群体的年龄范围是6～12周岁；少年消费群体，该群体的年龄范围是12～18周岁；青年消费群体，该群体的年龄范围是18～35周岁；中年消费群体，该群体的年龄范围是35～60周岁；老年消费群体，该群体成员年龄范围是60周岁以上。

▶ **2. 按照性别不同划分**

按照性别不同来划分，分为女性消费群体和男性消费群体。据调查显示，女性购买的家庭消费品占55%，男性购买的占30%，男女共同购买的占11%，孩子购买的占4%。我国的成年女性，在消费中仍然占主导地位。

▶ **3. 按照不同职业划分**

消费群体可分为：行政单位工作人员消费群体，工人消费群体，农民消费群体等。

二、消费群体对消费心理的影响

（一）群体的规模

群体规模对消费者心理具有一定的影响。一般群体人数越多，对个体成员的压力越大，顺从的心理越大；相反，群体人数越少，压力越低，顺从的心理越小。这种群体规模对消费心理的影响，尤其在日常购物活动组成的临时群体中表现得更为明显。例如，某消费者一人去商场购物，除了有明确目标外，面对自己喜爱的商品有时还会犹豫不决，而两个人或是多个人一同去购物，则很容易做出是否购买的决策。

（二）群体的规范性

群体的规范性是指群体所确立的行为标准，群体的每一位成员都必须遵守这些标准。广义的群体规范包括社会制度、法律、纪律、道德和信仰等，都是一个社会里多数成员共有的行为模式。如不遵循就会受到谴责或惩罚。但是这些规范不是规定其成员的一举一动，而是规定对其成员的行为可以接受和不可接受的范围。群体分为正式群体和非正式群体。正式群体一般是指有固定群体组织、有群体特定目标、有经常性群体活动的组织形式，如学校、商场、机关等都属于正式群体。非正式群体是指结构比较松散，一般是为完成某种任务或参加者兴趣相投而临时组成的群体。群体内的期望或规范可能不为局外人所觉察，但置身于其中的成员却能明显地体验到这些规范的存在，并对他们的购买心理与行为产生影响。

（三）从众心理

消费者个人的心理活动总是与所属群体的态度倾向是同向运动或一致的，这是群体压力与个体成员对群体的信任共同作用的结果。当个人的意见、行为与群体不一致时，会产生一种偏离群体的恐惧、紧张的心理，促使他产生与群体行为求得一致的愿望，然后改变自己原有的行为。这种现象称为从众或是顺从。例如，某消费者原计划购买 A 品牌的化妆品，后来发现群体中大多数认为 B 品牌的化妆品更适合她，那么她会在从众心理的支配下转而选择购买 B 品牌的化妆品。

（四）群体的一致性

群体的一致性是指群体成员在群体规范或标准下所取得的一致性，群体成员之间相互影响，相互吸引。具体包括信息的一致性、屈从的一致性和鉴别的一致性。

▶ **1. 信息的一致性**

信息的一致性，是指消费者把群体内成员的行为和意见当成潜在有用的信息加以利用，从而取得其行为与群体行为的一致性。例如，某消费者注意到自己所属的群体中许多人都用某一品牌的手机，因此，他在购买手机时也会潜意识地去选择同一品牌。

▶ **2. 屈从的一致性**

屈从的一致性，是指个体为了获得奖励或避免受到惩罚而被迫按照群体的标准行为而取得的一致性。年轻人在购买结婚用品时，为了赢得亲朋好友的赞许，一般都会选择高价或高档的家用电器等。

▶ **3. 鉴别的一致性**

鉴别的一致性，是指消费者为维持与群体的一致性，会经常对照其他成员的偏好和购买行为，自觉或不自觉地选择与群体内在其他人一致的品牌和商品。

三、不同消费群体的消费心理特征

（一）不同年龄消费群体的消费心理特征

消费者的年龄不同，其生理机能和心理活动也不同，因而其消费特点和购买行为也是不同的。了解其不同年龄的消费群体的消费心理和特点是各商家正确营销的前提。

年龄是常用的划分消费者群体的标准。心理学中，习惯把儿童从出生到成人的生理和心理发展分成：婴幼儿（0～6岁）、儿童（6～12岁）、青少年（12～18岁）、青年（18～35岁）、中年（35～60岁）、老年（60岁以上）。

▶ **1. 婴幼儿消费群体的消费心理特征**

这类消费群体是年龄最小的，其市场需求有自己的特征。婴幼儿无法自行选购商品，父母亲或是长辈的购买行为和购买习惯在很大程度上决定着婴幼儿市场需求的满足程度。

因此，商家对婴幼儿用品的设计应从婴幼儿消费心理出发，更多是考虑父母或是长辈的看法以及对宝宝的保护心理。

各类玩具及护理用品的需求比重比较大，这是由婴幼儿的生理和心理上的特征所决定的。特别是现在的家庭都是一个孩子，孩子在家庭的地位不可忽视，家长舍得在孩子身上多花钱多投入。因此，玩具及护理用品等这类市场需求呈急速扩大趋势，这类产品的市场化、现代化和高档化趋势十分显著。

▶ 2. 儿童消费群体的消费心理特征

从婴儿成长到儿童，他们正处在心理和生理发育的迅速发展阶段，缺乏稳定的消费认识，易受外部环境的影响，消费心理和消费行为变化幅度大。这个阶段，他们开始了学习过程，逐渐有了认识能力、意识倾向、兴趣爱好等心理品质，学会了思维，行为上逐渐从被动达到主动。主要消费活动体现以下特征。

（1）从纯生理性需要逐渐向带有社会内容的需要发展。儿童在早期对消费品的需要主要是生理性需要。随着年龄的增长和外界环境的不断刺激，需要从本能需要发展为自我意识成分的社会性需要，有时可以表明自己对某件商品喜欢与否。如需购买的消费品中增加了个人的意识，尤其在花色、样式上表现得尤为突出。

（2）从模仿性消费逐步向带有个性特点的消费发展。儿童在这个时期特别善于模仿，尤其是在言谈举止、穿着打扮等方面都爱模仿成人或是其他小朋友。但随着年龄的增长和自我意识的不断形成，儿童的消费心理逐渐由模仿性消费心理想按照自己的需求愿望、带有个性特点的消费方面发展。"与众不同"的意识和"比别人要好"的意识影响着他们的消费行为。

（3）消费情绪从不稳定到比较稳定发展。儿童的消费情绪易受环境和他人的影响而产生不稳定性。对于某些消费品，喜爱情绪波动很大，有时喜欢，有时不喜欢。例如，刚买的玩具，正处于新鲜喜欢阶段，爱不释手，但是过一两天，可能就不喜欢，不再玩了。随着年龄的增长，接触社会消费实践，知识、经验等不断增加，控制自己情感的能力不断增强，消费情绪就逐渐地稳定下来。

很多人认为，现在的孩子越来越早熟，尤其是表现在消费方面。因为很多家庭中父母都有工作，因此时间比较少，他们总是鼓励孩子们买东西。同时儿童看电视的时间比较长，更容易受到广告的影响，也更了解产品。此外，与双亲家庭中的孩子相比，单亲家庭中的孩子更多地参与家庭决策并实际去购买商品。孩子们在食物方面的决策有更大的影响力，很多家庭常常是围绕着孩子的需要和喜好来安排食谱。对于诸如玩具、服装、休闲、娱乐等的消费，孩子们的影响力也是很大的，尽管他们常常并不是这些商品的实际购买者。

▶ 3. 青少年消费群体的消费心理特征

青少年时期是指儿童向青年过渡的中间阶段，这个阶段的人群在生理上呈现出第二个发育高峰，心理上也有较大的变化。他们已有了成人的意识，希望得到别人的认可和尊重，并开始用成人的眼光来看待事物和审视社会。体现出独立与依赖、成熟与幼稚、自觉与被动交织在一起的心理与行为特点。这种心理特征下摆脱父母要求独立的过程叫作心理上的婴儿断奶。一方面开始摆脱父母；另一方面热衷于寻求能够理解自己的人。他们的消费心理特征主要表现在以下几方面。

（1）喜欢与成年人比拟。青少年时期，他们的自我意识发展变化迅速，他们在主观上认为自己长大了，已经成人了。他们需要像成年人那样，得到理解和尊重，不希望家长过多的干扰，喜欢按自己的意愿和方式处理事情。因此，他们在消费方面也渴望同成人一样能独立处理自己的消费，能自主购买喜爱的商品，以实现自己的消费个性，满足生活习惯和兴趣爱好等方面的需要。

（2）购买的倾向性趋于稳定。青少年期的消费者，随着知识不断丰富，对社会环境的认识不断加深，自我的判断和比较分析能力的不断提高，购买的倾向性也开始确定，对某种商品产生较为稳定的认识，并逐步形成购买习惯。

（3）消费观念开始受社会群体的影响。儿童时期由于自身条件限制，其消费受家庭和父母的影响较大，而青少年时期由于参与集体活动，与社会接触的机会较多，其消费观念、选择的偏好与购买行为开始受社会群体或集体的影响。

▶ **4. 青年消费群体的消费心理特征**

青年是指 18～35 岁阶段，这个阶段的年轻人的思维能力有了很大发展，能够独立思考问题，在购买商品时基本具备了选择能力，具有较强的独立性和较大的购买潜力。

（1）追求时尚。青年人充满朝气与活力，热爱生活、追求新潮、憧憬新生活、还有冒险精神和强烈的创造力，这是青年人的典型心理特征之一。这些心理特征在消费活动中，表现为追求商品时尚、新颖、高档，希望所购之物能符合潮流的发展和时代的精神。所以这类消费者往往是新商品、新的消费方式的追求者、尝试者和推广者。

（2）突出个性。青年人在这个时期自我意识在不断增强，他们追求个性独立，喜欢标新立异，追求商品有特色，而且往往把所购商品与个人性格、身份、兴趣、理想等联系在一起。在消费活动中，青年消费者十分注意追求属于自己风格的产品，不愿意落入"大众化"、"与众不同"的消费心理。

（3）注重情感。与中年人相比，青年人在购买商品的过程中，情感和直觉因素起着相当重要的作用，这里所说的情感是指对商品的好恶倾向。当情感和理智相撞击时，一般会偏重于情感，容易感情用事。在购买商品的过程中，特别看重商品的外形款式、品牌、颜色等，凡是符合个人需要和兴趣，便会产生情感，从而偏爱，进行购买。

（4）冲动购买。青年人刚刚步入成熟，易于冲动。所以，在购买过程中，反应灵敏、迅速、果断，考虑时间较短，只要是自己感兴趣的，喜欢的商品，就会做出购买决定，有时会超出自己的购买能力或是没有购买计划。例如，有些年轻人为了购买名品手表、皮包、衣服等，他们可以省吃俭用节省开支，以便实现自己的购买计划。

（5）较强的购买能力。具有独立购买能力的青年人，他们往往有一定的经济来源，而经济负担又不太重，因此花钱较为大方，显现购买能力较强。另外，他们的消费观念较为前卫开放，追求现代化的生活方式，有些青年人，他们收入高，喜欢名牌，从而形成了一股新的消费潮流。

▶ **5. 中年消费群体的消费心理特征**

这个阶段的消费者，心理上已经成熟，有很强的自我意识和自我控制能力，购物时情绪较为稳定，一般不轻信别人的影响，能做到理性消费。

（1）消费需求集中稳定。由于对家庭生活的现实思考，不再追求丰富多彩的个人生活用品，而是往往比较注意维持与自己的社会角色相应的消费标准与消费内容。在购买的过程中，多以自己的消费习惯和消费经验，理智性的进行选择和购买。

（2）注重商品的实用性和便利性。中年消费者在购买商品时更注重商品的实用性和便利性，出于经济条件的考虑，鉴于购买经历和社会经验的丰富，中年人在消费决策方面非常慎重，他们在选择商品时着重考虑的是商品的功能、使用的方便性和价格，然后才是颜色、款式等。

▶ 6. 老年消费群体的消费心理特征

（1）稳定的消费习惯。老年消费者在长期生活中形成的消费习惯一般不易改变，他们在选购商品时，喜欢凭过去的经验、体会来评价商品的优劣，一旦对该品牌形成偏爱，逐渐形成固定不变的消费习惯，很难轻易改变，也不容易接受新产品和新的消费方式。因此，老年消费者的消费兴趣和爱好比较稳定，对老牌子产品有特殊感情。

（2）消费追求便利。老年人由于年龄偏大，他们的体力和精力都有不同程度的减弱，行动也变得不方便，所以他们希望购买场所能提供方便的购物环境，在购买的过程中，他们希望销售人员能主动、详细地介绍商品，并对购买的大件商品提供送货上门服务和免费安装服务等。在选择商品时，希望商品能够易学易用、方便操作、携带方便等。

（3）商品追求实惠。老年消费者心理稳定程度高，注重实际，追求物美价廉的商品。他们的消费观念和年轻人完全不同，较少幻想，常常把商品的实用性放在第一位，强调质量的可靠性，要求购买的商品性价比高。老年消费者购物时最关注的因素是商品的性能与价格。

（4）较强的补偿性消费心理。补偿性消费是一种心理不平衡的自我修饰。在子女成人独立、经济负担减轻之后，老年人补偿性消费特征表现得尤为明显，他们想弥补过去某些方面感到的遗憾和不足，补偿过去未能实现的消费愿望。如美容美发、健身娱乐、衣着打扮、旅游观光等。

（二）不同性别消费群体的消费心理特征

性别是常用的划分消费者群体的标准之一，男性和女性的消费需要、兴趣和行为方式，都有其自身的特征。

▶ 1. 女性消费者的消费心理特征

女性消费者是一个很大的市场，据调查资料表明，我国女性人口占总人口的 48.7％，其中 20～54 岁女性，约占总人口的 20％，女性消费者不仅数量多，而且在购买中起着特殊的作用，女性是家庭购买的主力军。

（1）对商品需求范围广。大多数女性从青年时期，他们一般就对自己消费的时装、化妆品等自主决策。在家庭中，她们有承担着妻子、母亲等角色，凡是家庭所必需的商品甚至访亲送友的礼品，都是她们所关心或是最终决策者。

（2）爱美心理。爱美是女性的天性，是普遍存在的一种心理状态。这种心理反映在消费活动中，不论哪个年龄阶段的女性，都希望通过消费活动来保持自己的青春美。因此，一些商品会针对她们的需要推出不同的款式、色彩、质地等，女性用品总是多姿多彩，不断推陈出新。而有的商品甚至推出女性专用的商品或是服务，例如，广告中强调小型汽车适合女性驾驶，香港地区有女性专用的信用卡，台湾地区居民的身份证也分着男性（蓝色）和女性（粉色），近年的口罩也推出了女性专用款式。

（3）注重商品的实用性与实际利益。由于女性在家庭中的地位及作用，使她们对商品的关注度与男性大不相同，她们在购买商品时，在经济方面考虑较多，同时也注重商品的实际效用和实际利益。例如，一位女性消费者给孩子购买一件衣服，不仅要考虑到美观，还要考虑是否与孩子的肤色相配，洗涤后是否褪色、缩水等。

（4）对商品的选择追求"完美"。女性消费者在进行商品选择时，对于商品选择挑剔程度远远高于男性，他们总希望挑选的商品能百分百地符合自己心愿。所以，她们在购买商品时，选择时间长，挑选仔细，而且经常能发现一些不是"毛病"的小"毛病"。

▶ **2. 男性消费者的消费心理特征**

对于现在的市场来说男性消费者的队伍日趋壮大，但与女性相比，男性用品市场较为简单。

（1）男性消费的特点。男性购买能力与女性相比，直接用于个人消费的部分平均低于女性，但是在耐用消费品和家用电子产品方面，男性则是具有购买决策权的；消费需求方面，男性对满足基本生活需求的商品，比较喜欢凑合；男性在追求上比较偏事业，所以在自我表现类的消费品需求方面比女性强烈；对于选购的商品，男性专用的消费品还是屈指可数。

（2）购买的目的性明确。男性只有在面临缺货的情况下才产生购买动机，而且是到了商场有明确的目标购买完就走，很少在不同商店之间反复比较和选择。

（3）购买行为果断、理智。男性比女性更能控制自己的情绪，所以在选择商品时更为理智、果断，他们不愿对商品的挑选花过多的时间，主要注重的是商品的质量、性能、品牌等方面。

（4）购买动机较被动。男性购买动机的形成往往是由于外界因素的作用，如家人的嘱咐、朋友的委托等；有时是到了非卖不可，非常需要的时候，才去临时购买。

（5）偏爱一些特殊的消费倾向。男性一般喜欢运动、政治和思考，乐于表现自己的力量和能力，渴望他人的尊重和承认。男性购物的时候，如果该商品跟运动、科技发展或是与他们的兴趣相投的话，可能会促使他们购买下该商品。

"反性别消费"日渐盛行

伴随着生活水平的不断提高，各种新兴消费正在悄然兴起，成为商家掘金的新热点，而其中一股"反性别消费"风潮愈演愈烈。

如今男性消费与女性消费的鸿沟正在渐渐淡化，反性别消费大行其道，一些原本只有女士青睐的新兴消费逐渐成为男士们的新宠，而一些原本以男士为主要顾客的消费中也越来越多地出现女性的身影。"反性别消费"预示了现代人的消费观念正从"量的满足"向"质的提高"飞跃和更新，也预示着相关产业更加广阔的发展空间和生机。

在福州一家贸易公司担任业务员的张先生到化妆品专柜一口气买了香水、保湿啫喱、唇膏等，不过，这些化妆品不是给他妻子买的，而是给他自己买的。"平时我经常在外面跑，这段时间天气干燥，脸上、嘴唇都干裂了，面对客户时挺不好意思的，所以就拉下面子去买些化妆品来保养皮肤了。"张先生表示。

一、"反性别消费"日渐盛行

像张先生这样购买原本以女性消费为主的化妆品的消费行为，被商业人士称为"反性别消费"。事实上，随着大众消费观念的改变，反性别消费的人越来越多，给相关商家也带来了商机。

男士越来越青睐"面子"问题。曾几何时，美容还只是女性的专利，如果一位男士从美容院走出来，可能会立即成为众人瞩目的焦点。有的美容院门前还挂有"男士止步"的牌子。而现在，走进美容院的男士越来越多，有的美容院还专门开辟了男士美容区。东部一家美容院的老板告诉记者，两年之前刚开始营业时，百分之百都是女性顾客，而现在每周至少要有七八位男士来，有的是同妻子或女朋友一起来的，有些则是自己主动找来的，为此我们特地开辟了男士美容室，为他们做做面部按摩，处理一下粉刺什么的，有时还为留长发的男士定期护养一下头发。一位每个月都要做一次美容的男士说，虽然男士们对皱纹不像女士们那样在意，可爱美之心人皆有之，如果你本身具有能力，再加上一张容光焕发的脸，仪表堂堂，总会让更多的人对你产生好感，赢得更多的机会。

如果你再到各大商场、超市里转一转会发现，现在男士们的化妆品也是琳琅满目，有专门的男士护肤品牌，有的女性化妆品也进入了男士系列，种类则是从男士专用的剃须水到洗面奶，再到为男士肌肤设计的各类护肤霜应有尽有，销售也相当不错。有的大卖场一天仅男士护肤霜就销售了六瓶。

据分析，现今社会对男性的精神面貌要求越来越高，这是男性热衷美容、整容的一个重要因素。

包括耳环在内的金银首饰曾经是女人的专利，但现在男人们也可以大大方方地选择自己喜欢的饰品佩戴，一些时尚前卫的男士还戴起了耳环。

在健身消费领域，一般而言，瑜伽、有氧健身操、韵律操等是女性健身首选，而跆拳道、散打等是男性健身首选，但榕城多家健身连锁店负责人表示，目前在各个健身项目中，男女性别之分并不明显，像男性学瑜伽、跳操已不是新鲜事，而女性学跆拳道、练散打也很常见。"像我们有一期跆拳道班，女性占了近一半。这是因为跆拳道的运动量，有利于女性减肥，同时又能提高自我保护的能力。而瑜伽班上也经常能看到男性的身影，有时男性占了两三成。"某健身连锁店的负责人潘先生表示。

二、商家营销应挖掘男女共同需求

随着百姓生活水平的提高，消费观念的改变，很多看起来属于女性的专属品却受到男性的欢迎，而很多男性标志性商品今天也拥有了大量的女性消费者，男性和女性的消费概念正在模糊化，"男品女用"和"女品男用"正在成为新的消费趋势，市场不再片面区分男女消费者了。

这对商家也提出了新的考验：因为如今营销时已不能单纯分为男性需求和女性需求，而应挖掘男女共同需求，让男女营销并驾齐驱，这样才能在商业竞争中占据有利位置。

"反性别消费"带来了新的商机。借助这一浪潮，许多男士美容项目也在日渐受到人们的青睐。据美容业界人士预测，男士美容将是潮流男士得风气之先的举动，而从外到内改善自身形象及精神面貌，也将再一次佐证和昭示成功男士的魅力与风采。而利用"反性别消费"这一新的市场消费诉求点进行美容消费宣传与诉求无疑也将成为美容业自身加快发展的一个新的突破口。

女性消费更彰显自信、独立的精神气质，男性消费更注意关爱自己，生活更精致些，这种消费性别意识的渐渐淡化其实正是人们生活品质不断提高的真实写照。

资料来源："反性别消费"日渐盛行. 中国经营网.

（三）不同消费群体对消费行为的影响

消费者群体作为一种特殊的社会群体类型，有其自身的活动规律和活动方式。不同的消费群体其消费心理及购买行为也有所不同。

▶ **1. 家庭的发展周期与消费心理特征**

家庭经历的阶段不同，消费需求和消费行为都会有很大的不同，虽然每一个家庭由于民族、文化、习惯等不同，消费心理和行为也有很大差异，作为一个由产生到解体的家庭周期过程，的确有共同特征。家庭发展周期一般分为单身、新婚、满巢、空巢。

（1）单身。单身主要是指已经成人但尚未结婚者，男性在20～30岁，女性在18～28岁。随着社会经济的发展，尚未结婚的男女青年的年龄都有所增大。这一时期的消费心理是多以自我为中心的消费观，通过物质消费与精神消费来达到表现自我目的的消费心态，所以开销比较大，舍得花钱满足自己的爱好。这类消费群体他们的消费弹性最大，稳定性也较差。

（2）新婚。新婚是指已经结婚但还没有孕育子女的家庭人群。这时家庭没有过重的经济负担，没有子女，父母有的也尚在工作，经济比较富裕。这时的消费仍较多地带有浪漫色彩，如经常出去改善生活饮食，家庭的装饰和美化，服装的时尚性，外出旅游等。

（3）满巢。满巢是指已经结婚并孕育子女的家庭人群。这一时期的家庭重心主要是放在了孩子的身上，家庭的消费方向也有了明显的变化，孩子从出生到长大，生活中的开销基本上以孩子为主，如生活费用、子女教育、保健费用等，尤其是子女的教育投资比重是逐年加大的，家庭的经济负担也开始加重。

（4）空巢。这一时期，子女离开家庭开始独立生活，生活相对稳定；夫妻也已近老年，退休或已近退休。这时的家庭消费表现为不同的两个方向，一方面是继续以子女或是下一代子女的消费为着眼点，但实际支出比例已开始下降；另一方面是基本上与子女无过多经济往来，开始着重自身的消费，如保健、营养、旅游等。

▶ **2. 不同职业的消费心理特征**

职业对消费者的消费心理和消费行为会产生很大的影响。不同职业的人们由于劳动环境、工作性质和要求劳动者具备的素质不同，消费心理上会产生差异。不同职业的社会地位对消费心理和购买行为也有一定的影响，一般来说，具有较高职业社会地位的顾客，喜欢购买高档、名牌商品，使商品能符合自己的身份和地位。而职业社会地位较低的顾客，由于他的收入比较低，所以购买商品时注重的是实惠和实用。

影响新产品购买因素与消费者类型分析如表3-6所示。

表3-6　影响新产品购买因素与消费者类型分析

项　目	消费者类型	最新使用者	早期采用者	晚期采用者	守　旧　者
影响因素	职业地位	高	较高	一般	较低
	文化教育程度	较高	较高或一般	一般	一般或较低
	经济状况	收入高	收入较高	收入一般	收入一般或较低
	社会活动	活跃	较多	一般或较少	很少
	市场信息	灵通	来源较多	一般	闭塞
消费文化心理表现		求新、求好	求新、模仿	谨慎、求实	保守、习惯

美国学者1925年设计的"康兹职业声望表"对45种职业的社会地位和职业声望进行调查，排在前5名的分别是银行家、大学教授、医生、教士、律师。在我国，职业声望也有高低之分。1990年，北京大学社会学系"职业声望课题组"在北京和广州两地进行了调查，职业声望排在前5名的分别是：工程师、教授、作家、物理学家、医生。当然，由于国度不同，也由于时代的变迁而不断涌现新的行业，不同职业在人们心目中的地位也会发生变化。

任务实施

步骤1：组建营销小分队，以小分队为单位，按照每个项目的任务要求，通过分工协作，独立制订计划并实施计划，完成项目任务。每个小分队6～8人，可自由结组，优势互补；小组内保证必须男女皆有；需每个小组在完成任务过程中，小组成员不变；小组成员在不同的任务中要承担不同的角色，进行角色轮换。

步骤2：以小组为单位学习，选取一个消费群体，根据选定的消费群体的消费心理，创建一个创业项目。撰写"针对××消费群体的创业项目——××"。

要求：创业项目的题目自拟；内容包括项目简介、目标客户消费心理分析、市场分析三个部分；1 000字以上。

步骤3：小组讨论，整理资料，完成其任务方案。

步骤4：每组派代表就任务完成情况汇报。

步骤5：教师、企业专家、学生代表三方组成的成绩评定团进行评价。

任务评价

参照表3-7，对学生任务完成情况进行评价。

表3-7　任务评价表

考评项目	评价点	分值	得分	评分人签名
汇报	条理清晰，逻辑性强，普通话标准，声音洪亮	10		
格式	书面整洁，无格式及书写错误	10		
项目简介	对项目的名称、产品情况、市场规模等等描述明确、清晰	20		
目标客户心理分析	分析能够对目标客户人群的消费心理及消费行为特点做出准确的描述	20		
市场分析	能够准确地描述市场环境、竞争者状况等内容	20		
创新性	方案中提出的项目具有创新性，能够满足对应消费群体的心理，可行性强	20		
合计		100		

知 识 技 能 测 试

一、单项选择题

1. 我国在饮食习惯方面形成了南甜、北咸、东辣酸、西酸的饮食习惯，这些属于消费习俗的（　　）。

A. 独特性　　　　　B. 长期性　　　　　C. 社会性　　　　　D. 地域性

2. 消费者基于长期消费实践而形成的对某一品牌的稳定性偏好是（　　）。

A. 消费习俗　　　　B. 消费习惯　　　　C. 消费文化　　　　D. 消费流行

3. 消费流行具有发生、发展的自身规律性，这就是（　　）。

A. 运行周期　　　　B. 流动周期　　　　C. 流行周期　　　　D. 周期

4. "千里不同风，万里不同俗"体现了消费习俗的（　　）。

A. 独特性　　　　　B. 长期性　　　　　C. 社会性　　　　　D. 地域性

5. 从消费流行的起源来看，"牛仔裤"这种商品体现了（　　）流行方式。

A. 滴流　　　　　　B. 横流　　　　　　C. 倒流　　　　　　D. 逆流

6. 在消费行为中，模仿的主要作用是（　　）。

A. 促进消费　　　　B. 引发流行　　　　C. 追求个性　　　　D. 突出品质

7. 人的气质、性格、兴趣、能力等构成其（　　）。

A. 个性心理特征　　B. 心理活动过程　　C. 性格特点　　　　D. 兴趣爱好

8. "禀性难移"描述的消费者的气质特征的（　　）。

A. 可塑性　　　　　B. 社会性　　　　　C. 稳定性　　　　　D. 倾向性

9. "人心之不同，各如其面"表明个性是有（　　）。

A. 稳定性　　　　　B. 可塑性　　　　　C. 倾向性　　　　　D. 独特性

10. 在顾客的退货过程中，绝不求情，脸红脖子粗地与售货员争到底，不行就向报纸投稿曝光，再不解决就向工商局或消费者协会投诉的顾客属于（　　）气质类型。

A. 兴奋型　　　　　B. 活泼型　　　　　C. 安静型　　　　　D. 抑制型

11. 在顾客的退货过程中，向商店投诉也没有用，商品质量不好也不是商店生产的，自己吃点亏，下次长经验，缺少退换的勇气和信心的顾客属于（　　）气质类型。

A. 兴奋型　　　　　B. 活泼型　　　　　C. 安静型　　　　　D. 抑制型

12. 某消费者在购物过程中考虑全面，观察敏锐，但决策时犹豫不决。该消费者的气质类型是（　　）。

A. 兴奋型　　　　　B. 活泼型　　　　　C. 安静型　　　　　D. 抑制型

13. 在购物中谨慎、细致、冷静，善于控制自己，不易受广告宣传的干扰，此类消费者的气质类型最可能是（　　）。

A. 兴奋型　　　　　　　　　　　B. 活泼型

C. 安静型　　　　　　　　　　　D. 抑制型

14. 某消费者在购物过程中信息来源广泛，考虑全面，观察敏锐，但决策时犹豫不决。该消费者的气质类型是（　　　）。

　　A. 兴奋型　　　　B. 活泼型　　　　C. 安静型　　　　D. 抑制型

15. 消费者态度随和，生活方式比较大众化，购买行为也易受群体影响较大这类消费群体的消费态度是（　　　）。

　　A. 从众型　　　　B. 节俭型　　　　C. 保守型　　　　D. 随意型

16.（　　　）年龄阶段的人具有补偿性消费心理。

　　A. 儿童　　　　　B. 青年　　　　　C. 中年　　　　　D. 老年

17. 针对中年消费群体应采取的营销策略是（　　　）。

　　A. 注重商品的质量　　　　　　　　B. 注重商品的外观设计

　　C. 刺激冲动性的购买　　　　　　　D. 设计符合时代特色的商品

18. 中年和老年消费群体共有的消费心理特征是（　　　）。

　　A. 追求时尚　　　　　　　　　　　B. 注重商品的便利性

　　C. 注重情感　　　　　　　　　　　D. 补偿性消费心理

19. 一位女性消费者给孩子购买一件衣服，不仅要考虑到美观，还要考虑是否与孩子的肤色相配，洗涤后是否褪色、缩水。这体现了女性的哪种消费心理特征（　　　）。

　　A. 爱美心理　　　　　　　　　　　B. 注重商品的实用性与实际利益

　　C. 需求广泛　　　　　　　　　　　D. 追求完美

20. 销售人员接待（　　　）客户时，要做到眼明手快、热情周到，可不断地向其推介新产品。

　　A 兴奋型　　　　B 活泼型　　　　C 安静型　　　　D 抑制型

二、多项选择题

1. 一般认为个性包括（　　　）。

　　A. 兴趣　　　　　B. 气质　　　　　C. 性格　　　　　D. 能力

2. 消费流行具有（　　　）特点。

　　A. 短暂性　　　　B. 周期性　　　　C. 循环性　　　　D. 长期性

3. 下列属于消费者需要的特征的是（　　　）。

　　A. 多样性　　　　B. 发展性　　　　C. 周期性　　　　D. 可诱导性

4. 消费者的个性具备（　　　）特征。

　　A. 稳定性　　　　B. 可塑性　　　　C. 倾向性　　　　D. 独特性

5. 消费习俗具有（　　　）特征。

　　A. 社会性　　　　B. 独特性　　　　C. 非强制性　　　　D. 长期稳定性

6. 婴幼儿消费群体的消费心理特征是（　　　）。

　　A. 无法自行选购商品，父母的购买行为决定着其需求的满足程度

　　B. 各类玩具及护理用品的需求比重比较大

　　C. 玩具及护理用品等这类市场需求呈高档化趋势

　　D. 群体意识逐渐形成

7. 青年消费群体的消费心理特征是（　　　）。

　　A. 追求时尚　　　　B. 突出个性　　　　C. 注重情感　　　　D. 冲动购买

8. 活泼型的客户所表现的行为特征是(　　)。

A. 适应能力强

B. 善于与人交往

C. 善于克制忍耐，情绪不外露

D. 注意力容易转移，兴趣容易变化

9. 少年儿童消费心理与行为的基本特征主要包括(　　)。

A. 经历从生理需求向社会需求的过渡

B. 独立消费意识逐渐成熟

C. 所受影响日益广泛

D. 群体意识逐渐形成

E. 消费能力时强时弱

10. 兴奋型的客户所表现的行为特征是(　　)。

A. 脾气暴躁，容易冲动

B. 情感体验深刻但很少外露

C. 反应迅速但准确性差

D. 直率热情

三、案例分析题

顾客意见征求函

在中国质量万里行活动中，某大型零售企业为了改善服务态度，提高服务质量，向顾客发出意见征求函，调查内容是"如果你去商店退换商品，售货员不予退换怎么办"，要求被调查者写出自己遇到这种事是怎么办的。结果有这样几种答案。

一、耐心诉说。尽自己最大努力，慢慢解释退换商品的原因，直到得到解决。

二、自认倒霉。向商店投诉也没有用，商品质量不好也不是商店生产的，自己吃点亏，下次长经验，缺少退换的勇气和信心。

三、灵活变通。找好说话的其他售货员申诉，找营业组长或值班经理求情，只要有一个人同意退换就有可望解决。

四、据理力争。绝不求情，脸红脖子粗地与售货员争到底，不行就向报纸投稿曝光，再不解决就向工商局或消费者协会投诉。

根据上述案例，请回答下列问题。

1. 分析以上四种答案分别反映出这种顾客分别属于那种气质类型？

2. 分析四种气质类型的顾客的特征？

3. 消费者的气质影响着消费者的购买行为，试着从营销人员的角度分析，针对不同气质类型的顾客应怎样做好销售服务？

4. 如果你遇到这种情况，你会怎么办？试着从自己的行为方式分析自己属于哪种气质类型？

协助消费者完成购买决策

>>> 开篇案例

Cub 食品公司

瓦尔斯太太最近特意去伊利诺伊州转了一趟美尔罗兹公园的 Cub 食品超市，它不是一般意义的杂货店。看着各种各样的 Cub 食品摆放在桌子上，以及高达 30% 的价格折扣，瓦尔斯太太花了 76 美元买了一堆食品，比预算多花了 36 美元。Cub 的执行经理分析说："瓦尔斯太太被规模宏伟这一视觉优势所征服，规模宏伟的优势就是货物花样繁多，加之价低所带来的狂热的购物欲，这正是 Cub 仓储式超级市场所期待的效果，并且成功地实现了这个效果。"

Cub 公司是食品工业的领导者，它使许多同行的商店不得不降低价格，提高服务质量，甚至有些超市在竞争中被淘汰出局。当 Cub 和许多其他仓储式超市在全美雨后春笋般地出现后，消费者购物习惯被改变。一些购物者不再像以前在附近的杂货店购物，而是开车 50 英里甚至超过 50 英里到一个 Cub 店，并且把购物袋填得满满的。他们享受的好处是在一个商店里可以买到他们想要买的任何东西，并且价格比别的超市便宜。Cub 的低价促销手段和规模宏伟等优势吸引了购物者在此大把大把地花钱，其开支大大超过在别的超市所花的钱。

当购物者跨进 Cub 的那一刻，便感觉 Cub 超市与其他超市的不同之处，宽阔的通道两端堆满了两层高的各种各样的食品，如 2 美元 1 磅的咖啡豆、半价出售的苹果汁等。往上看，天花板上暴露的托梁，给人一种雄伟宽阔的感觉，这显示了大批买卖正在里面进行着，反映在购物者头脑里的意思是，可以省一大笔钱。

Cub 的购物车出奇得大，显示着大量购物的情景，并且可以很轻易地通过宽大的走廊，使购物者很容易进入高价区，也使人忍不住想去食品区。总之，整个商场给人一种吸引人的感觉。Cub 的顾客普遍地批量购物，来一次花 40~50 美元不等，比在别的超市的开支多 3 倍。一般 Cub 商场的销售额是每星期 80 万~100 万美元，是一般超市的 4 倍。

Cub 食品公司对零售杂货有一个简单的方法，通过严格压低成本和薄利多销的方法低价售货。对于农林牧产品和肉类保证高质量和多品种。这些食品需求者通常愿意开着车多走几个地方，当这些食品在干净的、比仓库式加工场大 1 倍、比一般超市大 3 倍的区域被包装，增加了消费者的购买欲望。一个 Cub 超市通常有 25 000 种货物，是一般超市的 2 倍，从大路货到奢侈品，稀有的不容易找到的食品，样样俱全，这使得货架令人叹为观止。88 种热狗和主餐用香肠，12 种品牌的墨西哥食品，成吨的鱼肉和农林牧产品。

商场有导购图引导购物者购物。即使没有导购图或无目的地闲逛，购物者也会被宏伟宽大的走廊牵着鼻子走。宽阔的通道从农林牧产品区开始，延伸到高价的环形区域，这里出售肉、鱼、烧烤食品、冷冻食品，高价食品被放在新鲜肉类之前的区域，目的是使顾客将家庭预算开支花在必需品之前购买那些忍不住想买的高价品。

总的说来，Cub 的利润率，即买进价与卖出价之间的差别是 14%，比一般超市低 6~8 个百分点。但是，由于 Cub 主要依靠顾客的口头宣传，因此其广告预算开支比其他连锁店低 25%。

资料来源：MBA《消费心理学》案例集．

思考题：

1. 列出至少 5 种 Cub 公司用以提高顾客购买可能的技巧。

2. 是什么因素促使 Cub 公司在提高销售额方面如此成功？

3. 如果有些商店具有 Cub 那样的低价、高质量、地点好、货物摆设合理的优势，但顾客仍然不喜欢在这些商店购物的话，你能找出原因吗？

工 作 任 务 一　唤醒消费者需要

任务目标

知识目标：

1. 理解消费者需要的基本概念及类型。

2. 掌握马斯洛需要层次理论。

3. 唤醒消费者需要的方法。

能力目标：

1. 能根据消费者行为外在表现准确判断消费者需要。

2. 能运用科学方法来唤醒消费者需要。

情感目标：

1. 培养学生团队合作精神。

2. 培养学生创新思维。

任务分析

通过分析讨论消费者需要，使学生能充分理解消费者需要的含义及各类消费者需要的外部行为特征，准确把握消费者需要的影响因素，运用科学的方法唤醒消费者的需要，达到培养学生灵活运用策略解决问题能力的目的。

任务知识

案例

了解消费者的需要

1996 年，四川成都的一位农民投诉海尔洗衣机排水管老是被堵，服务人员上门维修时发现，这位农民用洗衣机洗红薯，泥土大，当然容易堵塞。服务人员并不推卸自己的责任，而是帮这位农民加粗了排水管。这位农民感激之余，埋怨自己给海尔的服务人员添了麻烦，还说如果能有洗红薯的洗衣机，就不用这么麻烦了。农民兄弟的一句话，被海尔的服务人员记在了心里。海尔营销人员调查四川农民使用洗衣机的状况时发现，在盛产红薯的成都平原，每当红薯大丰收的时节，许多农民除了卖掉一部分新鲜红薯，还要将大量的红薯洗净后加工成薯条。但红薯上粘带的泥土洗起来费时费力，于是农民就动用了洗衣机。更深一步的调查发现，在四川农村有不少洗衣机用过一段时间后，电机转速减弱、电机壳体发烫。向农民一打听，才知道他们冬天用洗衣机洗红薯，夏天用它来洗衣服。这令张瑞敏萌生一个大胆的想法：发明一种洗红薯的洗衣机。1997年海尔为该洗衣机立项，成立4人课题组，1998年4月投入批量生产。洗衣机型号为XPB40-DS，不仅具有一般双桶洗衣机的全部功能，还可以洗红薯、水果甚至蛤蜊，价格仅为848元。首次生产了1万台投放农村，立刻被一抢而空。

消费需要是推动消费从而也是决定销售的首要因素。什么是需要？如何激发消费者的需要？需要的理论与市场营销有什么关系？这些问题不仅是理论工作者关心的问题，也是营销服务人员极其关心的问题。

一、需要

消费者行为的根本原因是需要。需要与刺激都是动机产生的条件，而需要是最基础的。

（一）需要的概念

消费者需要是指消费者生理和心理上的匮乏状态，即感到缺少些什么，从而想获得它们的状态。个体在其生存和发展过程中会有各种各样的需要，如饿的时候有进食的需要，渴的时候有喝水的需要，在与他人交往中有获得友爱、被人尊重的需要等。

需要是和人的活动紧密联系在一起的。人们购买产品、接受服务，都是为了满足一定的需要。一种需要满足后，又会产生新的需要。因此，人的需要绝不会有被完全满足和终结的时候。正是需要的无限发展性，决定了人类活动的长久性和永恒性。

需要虽然是人类活动的原动力，但它并不总是处于唤醒状态。只有当消费者的匮乏感达到了某种迫切程度，需要才会被激发，并促使消费者有所行动。比如，我国绝大多数消费者可能都有住上更宽敞住宅的需要，但由于受经济条件和其他客观因素制约，这种需要大都只是潜伏在消费者心底，没有被唤醒，或没有被充分意识到。此时，这种潜在的需要或非主导的需要对消费者行为的影响力自然就比较微弱。

需要一经唤醒，可以促使消费者为消除匮乏感和不平衡状态采取行动，但它并不具有对具体行为的定向作用。在需要和行为之间还存在着动机、驱动力、诱因等中间变量。比如，当饿的时候，消费者会为寻找食物而活动，但面对面包、馒头、饼干、面条等众多选择物，到底以何种食品充饥，则并不完全由需要本身所决定。换句话说，需要只是对应于人类备选产品，它并不为人们为什么购买某种特定产品、服务或某种特定牌号的产品、服务提供充分解答。

（二）需要的分类

消费者需要的类别极其丰富多样，有关学者对其研究的角度不尽一致，因此分类的结果也不尽相同。

▶ 1. 按照需要产生的原因不同划分

按照需要产生的原因不同划分，消费者的需要分为生理性需要和社会性需要。

（1）生理性需要：是指消费者为维持和延续生命，对于衣、食、住、睡眠、安全等基本生存条件的需要。这种需要是人作为生物有机体与生俱来的，是由消费者的生理特性决定的。

（2）社会性需要：社会性需要是在进行社会生产和社会交往过程中形成的，是人类所特有的，如对劳动、交往、友谊、求知、尊重、道德的需要等。社会性需要是人类特有的高级需要，是在人的社会实践中形成和发展起来的，并受政治、经济、文化、地域、民族等社会条件的制约。

▶ 2. 按照需要的对象划分

按照需要的对象，可以分为物质的需要和精神的需要。

（1）物质的需要：是指消费者在物质生活和社会交往中对社会物质产品的需求和欲望，如对食品、饮料、服装、住房、礼品、首饰、家电、家具、汽车等的需要。根据消费档次不同，它又可分为基本生存型、发展型、享受型等几种。随着社会经济发展水平和消费者个人消费能力的提高，物质需要的档次也随之提高。

（2）精神的需要：是指消费者对精神生活和精神产品的需求和欲望，如对科学、技术、文化、教育、艺术、知识、道德、审美、健身等需要，还包括对人与人之间的相互理解、沟通、友情、关心和情感交流的需要等。精神需要是人的高层次需要，是人们掌握知识、追求真理、探索自然和社会发展规律的动力。

 案例

老太太买李子

李老太太今年 65 岁了，唯一的儿子都 38 了，今年上半年才结婚，现在儿媳妇怀孕了，高兴得李老太太呀，整天笑得合不拢嘴，一个人走路有时都会笑出声来，走路也特有劲，这不，八点不到，李老太太又提着菜篮去菜市场买菜去了。

在菜市场左挑右选，李老太太买了满满一篮子菜，有排骨、黄鳝、马铃薯，豆腐等，全是她儿媳妇爱吃的菜。正准备回去，李老太太想起来，儿媳妇昨晚好像在饭桌上对儿子讲过自己想吃酸的东西。"要不我带点酸的水果回去吧，现在媳妇最重要！"李老太太心里这样寻思着，一边就走到了水果摊前。

第一个水果小贩老王见有人过来看水果，连忙问："老奶奶，你想买什么水果呀？"李老太太说："我想买点李子。"老王说："李子呀，我这里有呀，你看我的李子又大又甜，非常好吃的。"李老太太看了一下李子，然后摇摇头走开了，什么也没有买。而是走到了第二个水果小贩小陈那里。

小陈见到有人来看水果，于是赶紧问"老奶奶，想买些什么水果呢？"李老太太说："我想买一两斤李子回去。"小陈又说："哦，老奶奶是想买李子呀，我这里可以算是李子专卖店了，大的、小的、甜的、酸的都有，你看你要买哪种的李子"李老太太说："我想买点酸李子。"小陈说："好的，你看这边的李子全是酸的，要不您先尝一个？"说完拿了一个李子递给了李老太太，李老太太将李子擦了一下，然后放到嘴边咬了一口，满口的酸水让李老太太马上吐了出来，不过李老太太很高兴，让小陈给她称了两斤，付了钱高兴地走了。

可能今天时间还早，李老太太又来到了第三个水果小贩张嫂这里，张嫂一向为人热情，见李老太太走过来，马上站起来，笑着说："哟，老奶奶，菜买好了呀，想买点什么水果回去呢？"李老太太说："想买点酸的水果。"张嫂接着问"为什么要买酸的水果呀，是家里有人特别爱吃吗？"李老奶奶说："是呀，儿媳妇怀孕了！""哦，原来是这样呀，怪不得呢，老奶奶你对你儿媳妇可真好！人家都说酸男辣女，老奶奶，你儿媳妇可能是要给你生个大胖孙子呢？"李老太太听得眉开眼笑，说："这事说不来的，说不来的。"张嫂接着说："老奶奶，你知道怀孕的人最应该补充什么吗？""不知道。""怀孕的人呀，最需要补充维生素，维生素对小孩的头脑发育很重要呢，如果维生素补充得够了，小孩子将来才会聪明。老奶奶您知道补充维生素吃什么最有效吗？"李老太太说："不知道呢，吃什么最有效呀？"张嫂接着说："所有的水果当中，数猕猴桃含的维生素最高，素有'维 C 之王'的称号。你看看要不要买点回去，说不准给你儿媳妇补充维生素补得够了，你儿媳妇就会给你生一个聪明的大胖孙子呢"。李老太太听了，说："我们老人家不懂科学，也不知道这些讲究，不过现在小孩都金贵，我就买点回去吧。"就这样，李老太太又称了两斤猕猴桃，然后才喜滋滋地回家去了。

(三) 需要的特征

▶ **1. 多样性**

由于不同消费者在年龄、性格、工作性质、民族传统、宗教信仰、生活方式、生活习惯、文化水平、经济条件、兴趣爱好、情感意志等方面存在不同程度的差异，消费者心理需求的对象与满足方式也是纷纭繁杂的，对主导需要的抉择是不一致的。如我国人多地广，消费习惯多种多样。以吃来说，处于牧区的蒙古族、维吾尔族、藏族等习惯食用奶制品，如奶豆腐、奶干、奶酪、酸奶等，品种十分丰富。回族出于信仰的原因，只食牛、羊、鸡、鸭、鹅等肉食。我国东北地区的居民习惯食豆类、面类。云南有的少数民族喜欢吃生的或半生不熟的肉食。又如，在满足基本物质需要的前提下，青年知识分子在结婚时一般有购置写字台、书橱的习惯，而青年工人结婚较少有购这些家具的，代之以装饰橱和梳妆台。再如，青年人喜欢电影、舞蹈这种现代化的艺术形式，而大多数老年人则偏爱的是地方戏。

商企业面对消费者千差万别、多种多样的需要，应根据市场信息和自身能力，确定市场目标，尽可能向消费者提供丰富多彩的商品类型。如果能以"百货迎百客"、巧调众口，同时重视倡导符合国情、文明健康的消费观念和消费形式，消费者需要的多样性才有可能实现。

▶ **2. 发展性**

消费需要的内容，从静态分布上看就是多样化，从动态观点看就是由低到高，由简到繁，不断向前推进的过程。随着商品经济的发展和精神文明的提高，心理需要会不断地产生新的对象，消费者对某项需要一旦满足以后，就不再受该项需要激励因素的影响，而渴望并谋求其他更高一级的需要，并不断向新的需要发展。

从"三大件"的历史变迁，可以看出人们消费需要的发展性。20世纪70年代，中国百姓将手表、自行车、缝纫机视为家庭"三大件"。跨入80年代，新的"三大件"：彩电、冰箱、洗衣机给我们的生活带来了又一个惊喜。到了90年代，中国人注重提高生活质量，此时的"三大件"是什么呢？有人概括为空调、电脑、电话，有人说是私人住宅、小轿车和现代通信设备，更多的人则认为，今日中国人消费走向了多元化，很难再对"三大件"做出一致的判定。回顾家庭耐用消费品发展变化的轨迹，我们可以看到这样一个事实：短短30年间，中国城镇家庭消费走完了"旧三件"到"新三件"的历程，正在全力追求更有质量和品位的生活。"三大件"这种烙有年代印痕的俗称也会从人们的记忆中消失。又如，从60年代到90年代，城乡居民的衣着状况也发生了较大变化，单调的蓝一色、灰一色、黑一色，青年人中的黄一色已逐渐消失，羽绒服、裘皮服、羊毛衫裤、夹克衫、健美裤、呢大衣、风雨衣和西服兴起。与时装配套的各种皮鞋、旅游鞋和运动鞋，以及领带、头巾、袜子、眼镜等消费也成倍增长。服务性消费中的旅游、照相等也有了较快的发展，给人们的生活增添了新的色彩。

就不同需要来说，当某种需要获得某种程度满足后，另一种新的需要又产生了。任何时候都不可能有绝对的满足。从这个意义上说，需要是永无止境的。消费者的需要是随社会的发展而发展的。随着改革开放的进行，部分地区和个人先富起来了，我国部分城乡居民的消费，20世纪50年代主要追求"吃饱穿暖"，80年代中期到90年代就要"吃讲营养，穿讲漂亮，住讲宽敞，用讲高档"，成了社会上消费心理的新动向。

需要的发展，与客观现实刺激的变化有很大的关系，社会经济与政治体制的变革、道德风尚的变化、生活或工作环境的变迁乃至宣传广告的改变，都可促使消费者产生需要的转移和变化。工商企业认识到消费者需要的这一特征，在生产经营中须以消费者需求发展的程度和趋势为标准，提供性能更好、质量更高、成本更低和用途更多的商品。如果商品的款式和功能，几年、十几年甚至几十年一贯制，就阻碍了消费需要的正常发展。

▶ **3. 可激发性**

消费者决定购买什么样的消费品，采用何种消费方式，怎样消费，既取决于自己的购买能力，又受到思想意识的支配。例如周围环境、社会风气、人际交流、宣传教育、文学艺术等，都可以促使消费者产生新的需要。或者由一种需要向另一种需要转移；或者由潜在的需要变成现实的需要；由微弱的欲望变成强烈的欲望。因此，消费者的需要可以引导、调节而形成，也可以因外界的干扰而消退或变换。广告在商品经济发达的社会既可能"泛滥成灾"，又是消费者不可缺少的生活向导。一部电影能使某种时尚家喻户晓，风靡世界；一则新闻又能置某种商品于十八层地狱，永世难得翻身。如一般人都喜食新鲜活鱼，讨厌冷冻鱼，科普文章摆出道理，说明合理冷冻的鲜鱼其食用价值不低于未经冷冻的鲜鱼，这就打消了消费者的顾虑。又如，一个时期，我国领导人倡导服装的新颖、鲜艳，要求改变过去的沉闷局面，还提倡人们穿西装。这些倡导加上服装部门的配合，使中国人民的衣着习惯发生变化。可见消费者需要的可激发性是确实存在的。工商企业不仅应当满足消费者需要，而且应当启发和激发消费者需要，即通过各种有效的途径，用科学的价值观、幸福观、消费观引导消费者需要的发展变化，使其愈益合理化，改变落后的消费习惯，使物质消费与精神消费协调统一，逐步达到消费结构和需求结构的优化。

▶ 4. 周期性

每个消费者都有一些需要在获得满足后，在一定时间内不再产生。但随着时间的推移还会重新出现，显示出周而复始的特点。不过这种重复出现的需求，在形式上总是不断翻新的，也只有这样，需要的内容才会丰富、发展。如女性头巾，多少年来总是在长形、方形、三角形的式样间变化；皮鞋总是在方头、圆头、尖头、平跟、中跟、高跟之间翻来覆去地变花样。这种周期性往往和生物有机体的功能及自然界环境变化的周期相适应，也同商品寿命、社会风尚、购买习惯、工作与闲暇时间、固定收入获得时间等相关联。如许多商品的销售淡旺循环变化是由自然季节决定的；商店业务忙闲与消费者的工作日、发薪日相关形成周期；服装流行周期与社会风尚变化相呼应等。因此，研究周期性，对企业加强生产、经营的计划性有着重要意义。工商企业可以根据需要周期的发展变化规律，安排好包括商品种类、销售时间、销售方式、销售对象及销售地点等在内的产、供、购、销、调、存。

一般而言，精神产品往往不具备重复消费的周期规律，尽管旅游可以"故地重游"，读书可以"爱不释卷"，但精神产品的生产不宜重复和仿造，否则就会滞销。比如电影，如果都是一个题材，且演员形象雷同、导演手法雷同、情节内容雷同，消费者（观众）就感到乏味了。

▶ 5. 伸缩性

伸缩性表现在消费者对心理需要追求的高低层次、多寡项目和强弱程度。在现实生活中，消费者的需要，尤其是以精神产品满足的心理需要，具有很大的伸缩性，可多可少，时强时弱。当客观条件限制了需要的满足时，需要可以抑制、转化、降级，可以滞留在某一水平上，也可以是以某种可能的方式同时或部分地兼顾满足几种不同性质的需要。在有些情况下，人还会只满足某一种需要而放弃其他需要。如成千上万的革命者，为了全人类的解放，放弃了个人及家庭的许多需要；高考复习阶段的学生，为了能学好知识迎接高考，放弃了旅游，看电影、电视、小说，打球及休息的需要。

消费者需要的伸缩性，是人们用于解决"需要冲突"的适应性行为。工商企业在进行生产和经营时，必须从我国消费者当前的实际消费水平和民族消费历史、消费习惯的特点出发，注意将满足物质需要和精神需要两方面有机地结合起来。首先解决最基本的需要，逐步提高科学文化教育等方面需要的满足程度，少搞些华而不实的东西，多给消费者以实惠。

▶ 6. 需要的互补性和互替性

需要对某些商品具有互补性特点。如计算机的购买可能会连带购买打印机、扫描仪等。此外，许多商品具有互替性的特点，互替性指一些商品彼此之间是可以互相替代的。如目前旅行交通的消费，飞机、高铁、长途豪华汽车可以互相替代。因此，经营互补性商品，不仅大大方便消费者，还能增加商品销售额。而互替性商品的销售则加剧了竞争的压力。

例如，购买电脑可能会附带购买软件、电脑桌和打印机；购买 DVD 机，可能会购买 DVD 光盘；购买汽车，附带购买车辆内外装饰等。因此，经营互有联系或互补的商品，不仅大大方便了消费者，还能增加商品的销售额。此外，许多商品还具有可以互相替代的特点。在市场上，经营者常遇到这种情况：某种商品的销售量减少而另一种在消费上可以替代的商品的销售量增加。例如，数码相机销售量增长，导致光学照相机销售量的减少。这就要求企业及时把握消费需求变化趋势，认识商品的互补性和替代性，有目的、有计划地根据消费需求的变化规律制订生产经营计划，调整商品结构与商品组合，更好地满足消费者的需求。

思考题：

举出两种消费者的需求对某些商品具有互补性的实例。

▶ 7. 层次性

人的需要是有层次的，在满足各种需要的过程中，消费者将首先满足低层次的需要，之后较高层次的需要才会显现出来并逐步成为主要的满足对象。

二、马斯洛需要层次理论

人的需要多种多样，有人估计有上千种之多。各种需要不是孤立存在的，而是彼此联系的，是一个统一完整的需要结构。对人来讲，究竟有多少种需要？各种需要的关系怎样？各种需要又怎样构成人的动机体系？心理学界对此进行了多种形式的分类。美国心理学家马斯洛提出的需要层次理论，被认为是力图回答这些问题较全面、系统的一个理论。

（一）马斯洛需要层次论的基本内容

美国人本主义心理学家马斯洛于 1943 年提出了"需要层次理论"，他认为，人的一切行为都是由需要引起的，而需要是分层次的，于是把人类多种多样的需要划分为以下五种基本类型，即生理的需要、安全的需要、社交的需要、尊重的需要、自我实现的需要。各层次需要的基本含义如下。

▶ 1. 生理的需要

生理的需要是人们最原始、最基本的需要，如空气、水、吃饭、穿衣、性欲、住宅、医疗等。若不满足，则有生命危险。这就是说，它是最强烈的不可避免的最底层需要，也是推动人们行动的强大动力。

▶ 2. 安全的需要

安全的需要要求劳动安全、职业安全、生活稳定、希望免于灾难、希望未来有保障等。安全需要比生理需要较高一级，当生理需要得到满足以后就要保障这种需要。每一个在现实中生活的人，都会产生安全感的欲望、自由的欲望、防御的实力的欲望。

▶ 3. 社交的需要

社交需求也叫归属需求，是指个人渴望得到家庭、团体、朋友、同事的关怀爱护理解，是对友情、信任、温暖、爱情的需要。社交的需要比生理和安全需要更细微、更难捉摸。它与个人性格、经历、生活区域、民族、生活习惯、宗教信仰等都有关系，这种需要是难以觉察，无法度量的。

▶ 4. 尊重的需要

尊重的需要可分为自尊、他尊和权力欲三类，包括自我尊重、自我评价以及尊重别人。尊重的需要很少能够得到完全的满足，但基本上的满足就可产生推动力。

▶ 5. 自我实现的需要

自我实现的需要是最高等级的需要。满足这种需要就要求完成与自己能力相称的工作,最充分地发挥自己的潜在能力,成为所期望的人物,这是一种创造的需要。有自我实现需要的人,似乎在竭尽所能,使自己趋于完美。自我实现意味着充分地、活跃地、忘我地、集中全力全神贯注地体验生活。

马斯洛认为,上述五个层次的需要是相互联系、逐渐发展的,各层次需要之间有以下关系,如图 4-1 所示。

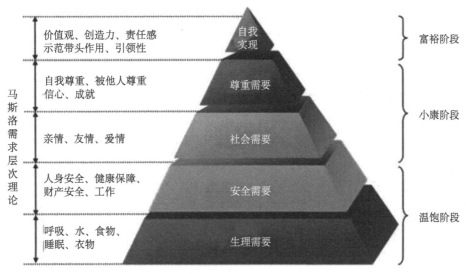

图 4-1 马斯洛需求层次论

(1)五种需要像阶梯一样从低到高,按层次逐级递升,但这样次序不是完全固定的,可以变化,也有种种例外情况。

(2)需求层次理论有两个基本出发点,一是人人都有需要,某层需要获得满足后,另一层需要才出现;二是在多种需要未获满足前,首先满足迫切需要;该需要满足后,后面的需要才显示出其激励作用。

(3)一般来说,某一层次的需要相对满足了,就会向高一层次发展,追求更高一层次的需要就成为驱使行为的动力。相应的,获得基本满足的需要就不再是一股激励力量。

(4)五种需要可以分为两级,其中生理上的需要、安全上的需要和感情上的需要都属于低一级的需要,这些需要通过外部条件就可以满足;而尊重的需要和自我实现的需要是高级需要,它们是通过内部因素才能满足的,而且一个人对尊重和自我实现的需要是无止境的。同一时期,一个人可能有几种需要,但每一时期总有一种需要占支配地位,对行为起决定作用。任何一种需要都不会因为更高层次需要的发展而消失。各层次的需要相互依赖和重叠,高层次的需要发展后,低层次的需要仍然存在,只是对行为影响的程度大大减小。

(5)马斯洛和其他的行为心理学家都认为,一个国家多数人的需要层次结构,是同这个国家的经济发展水平、科技发展水平、文化和人民受教育的程度直接相关的。在不发达国家，生理需要和安全需要占主导的人数比例较大，而高级需要占主导的人数比例较小；在发达国家，则刚好相反。

马斯洛需要层次理论与桌子的销售

让我们通过一张桌子来说明如何运用巧妙的语言使一种普通的产品能够满足人的多方面需要，下面是一位营销人员对不同顾客所使用的沟通语言。

1. 生理的需要

"让您摸一下用手工磨平的桌面时，就会感到差别所在了。想象一下您品尝着桌子上的美味佳肴时会有多么快乐。"

2. 安全的需要

"由于我们的桌子使用这种木料、采用这种锯木方式，并且是在工匠的严格监督下组装和加固的，因此我们能保证它经久耐用。"

"桌子所使用的一块块木板都是精选出来的，然后仔细烘干。"

3. 社交的需要

"您可以想象一下每次您和您的爱人一起在这张精美的木桌边用餐和交谈时，你们夫妇所产生的那种幸福感。木制品可以使房间更温暖，您不这样认为吗？"

4. 尊重的需要

"这张桌子的质量达到了这样一种程度，即每当您的客人看到这张桌子时，您本人就会产生一种自豪感。"

"想象一下这张纹理素雅的饭桌会怎样美化您的房间，流线型的设计会更好地烘托出主人的高雅艺术品位。"

5. 自我实现的需要

"当您拥有这样的一张饭桌时，您就不会想要另外一张饭桌了。这张桌子的制作工艺可以使您在多年后仍对它感到满意。"

思考题：

假如你是一位汽车公司的销售员，结合本案例马斯洛需要层次理论中家具销售中的应用，试问你将如何与顾客进行语言沟通呢？

三、需要在人的心理活动中的作用

明确需要在人的心理活动中的作用，对于研究和把握消费者的心理与行为，掌握经营管理的主动权，引导合理消费，促进经济的发展具有重要意义。需要在人的心理活动中的作用主要表现在以下几个方面。

（1）需要能影响人的情绪，影响人对客观事物的看法和态度。人们一旦产生某种需要就要力求获得满足，而人们的需要是否被满足、满足的程度以及满足的方式与手段的不同，都可以直接影响人的情绪变化，如高兴、沮丧、愤怒等。情绪的变化又会直接影响人们态度的变化，如支持、漠然、反对等。

（2）需要有助于人的意志的发展。人的某种需要被满足的过程，往往不是一帆风顺和轻而易举的，有时需要克服种种艰难险阻，需要付出巨大的意志和努力。因此，人们在为满足需要而进行努力的同时，意志也得到了锻炼和发展。

（3）需要对人的认识与实践活动起着重要的影响作用。需要被满足的过程就是人们对所遇到的各种事物进行分析、研究，并探寻各种可行的途径、方案的过程。需要是人们认识客观事物，从事实践活动的内在动力。随着人们需要的不断被满足，人对客观事物的认识在不断深化，实践活动的范围在扩展。

四、影响消费者需要的因素

影响消费者对某种商品需求的因素，除了其自身的价格以外，还有下述一些主要因素。

（一）消费者的收入

一般来说，在其他条件不变的情况下，消费者的收入越高，对商品的需求越多。但随着人们收入水平的不断提高，消费需求结构会发生变化，即随着收入的提高，对有些商品的需求会增加，而对有些商品的需求会减少。经济学把需求数量的变动与消费者收入同方向变化的物品称为正常品，把需求数量的变动与消费者收入反方向变化的物品称为劣等品。

（二）消费者的偏好

当消费者对某种商品的偏好程度增强时，对该商品的需求数量就会增加。相反，当偏好程度减弱时，需求数量就会减少。人们的偏好一般与所处的社会环境及当时当地的社会风俗习惯等因素有关。

（三）相关商品的价格

当一种商品本身的价格不变，而和它相关的其他商品的价格发生变化时，这种商品的需求数量也会发生变化。如果其他商品和被考察的商品是替代品，如牛肉和猪肉、苹果和梨子等。由于它们在消费中可以相互替代以满足消费者的某种欲望，故一种商品的需求与它的替代品价格成同方向变化，即替代品价格的提高将引起该商品需求的增加，替代品价格的降低将引起该商品需求的减少。如果其他商品和被考察的商品是互补品，如汽车与汽油、影碟与影碟机等，由于它们必须相互结合才能满足消费者的某种欲望，故一种商品的需求与它的互补品的价格成反方向变化，即互补品价格的提高将引起该商品需求的降低，互补品价格的下降将引起该商品需求的增加。

（四）消费者对商品价格的预期

当消费者预期某种商品的价格在将来某一时期会上升时，就会增加目前的需求，当消费者预期某商品的价格在将来某一时期会下降时，就会减少对该商品的现期需求。

五、唤醒消费者需要

需要虽然是人类活动的原动力，但它并不总是处于唤醒状态。只有当消费者的匮乏感达到了某种迫切程度，需要才会被激发，并促动消费者有所行动。

唤醒消费者需要的方法有很多，不过各种方法遵循的都是一个基本原则，那就是通过外部影响，造成消费者内心的匮乏感，让消费者的心理失衡，从而寻求对象实现平衡。常见的唤醒消费者需要的方法如下。

（一）利用感官刺激法唤醒消费者需要

感官刺激法主要是利用消费需要的对象性特征，在营销过程中应当将商品销售与消费者需要紧密联系起来，通过商品外在的物质属性刺激消费者各种感觉器官，从而唤醒消费者的需要。例如，卤肉店总是在靠近营业窗口的地方摆放一座小风扇，不仅是为了驱赶蚊虫，当刚卤好的美味端上柜台的时候，风扇扇出的风会使卤肉的香气飘散开来，让路人闻到后，引发他们的食欲，尤其是在中午和晚上的下班时分，效果更为明显。

（二）利用对比强化法唤醒消费者需要

对比强化法主要是将现实需要者的实际消费体验结果进行展示，利用商品消费前后情况的对比，强化商品对消费者需要满足的效果，从而寻求潜在消费者在认知理解和情感上的共鸣，唤醒消费者需要。我们通常在各种化妆品和保健品的广告中见到这种方法的应用。

（三）利用氛围造势法唤醒消费者需要

有相当一部分消费者需要未被唤醒的原因在于消费者对商品本身缺少认知和体验。因此，营销工作者可以通过公关先营造一种氛围，制造环境压力，从外围唤醒消费者需要。例如，房地产经销商通常会雇佣很多人站在售楼中心外不分昼夜排长队，或者在销售大厅让工作人员不停走动、大声说话，制造出楼市火爆销售、工作繁忙的环境，让消费者产生购买需要。又如，玫瑰花销售商为了扩大销售，会大讲西方情人节的消费文化，在店内贴出玫瑰花语，甚至提出"七夕是中国情人节"的噱头，营造一种文化氛围，唤醒消费者需要。

（四）利用记忆唤醒法唤醒消费者需要

由于消费者需要有周期性特征，所以对于许多商品消费者不会只消费一次，而是隔上一段时间就会重复消费。但是消费者往往受到各种因素的影响而忘记或忽略何时再次消费。这时就应该及时使用记忆唤醒法，通过各种促销沟通手段使其对过往的消费经验形成回忆和联想，从而唤醒消费者需要。

需要一经唤醒，可以促使消费者为消费匮乏感和不平衡状态采取行动，但它并不具有对行为的定向作用。在需要和行为之间还存在着动机、驱动力、诱因等中间变量。比如，饿的时候，消费者会为寻找食物而活动，但面对面包、馒头、饼干、面条等众多选择物，到底以何种食物充饥，则并不完全由需要本身所决定。换句话说，它并不为人们为什么购买某种特定产品、服务或某种特定牌号的产品、服务提供充分解答。因此，作为一名合适的营销工作者，要掌握唤醒消费者需要的方法，更要根据实际情况合理选择和灵活应用这些方法。

任务实施

步骤1：组建小分队，以小分队为单位，按照每个项目的任务要求，通过分工协作，独立制订计划并实施计划，完成项目任务。每个小分队6～8人，可自由结组，优势互补；小组内保证必须男女皆有；每个小组在完成任务过程中，小组成员不变；小组成员在不同的任务中要承担不同的角色，进行角色轮换。

步骤2：以小组为单位学习任务知识中的内容，针对知识技能测试部分的实训题制订项目实施计划，小组成员协作分工完成任务。

要求：为一件衣服设计不同的广告，反映马斯洛需求层次论的不同需求。假设你是某家旅行社的业务员，根据马斯洛需要的层次理论，你怎样劝说人们外出旅游可以满足人们的各个层次的需要。

步骤3：每组派代表就任务完成情况汇报。

步骤4：教师、企业专家、学生代表三方组成的成绩评定团进行评价。

参照表4-1，对学生任务完成情况进行评价。

表4-1　任务评价表

考评项目	考评点	分值	评分	评分人签名
方案内容	方案内容的实用性	20		
	方案格式的完整性	20		
	方案制订的全面性	10		
	方案内容的创新性	10		
语言	语言规范，对方案掌控良好	5		
	语言清楚简练，生动通俗	5		
	应答有礼有节	5		
	时间把握恰当	5		
课件设计	课件制作新颖	10		
	课件使用效果好	10		
合计		100		

工作任务二　刺激消费者购买动机

知识目标：

1. 能根据消费行为外在表现准确判断消费者购买动机。

2. 能运用科学的方法刺激消费者购买动机。

能力目标：

能根据消费者行为分析的具体内容选择合适的心理学研究方法。

情感目标：

1. 培养学生团队合作精神。

2. 培养学生创新思维。

任务分析

通过完成此任务的学习，使学生能充分理解购买动机的含义及形成原因，准确把握消费者购买动机的类型及各类购买动机的行为特征，运用科学的方法刺激消费者购买动机，培养学生灵活运用策略解决问题的能力。

任务知识

中国绣花鞋畅销美国

据说近些年来，在美国西部的一些城市风行一种以中国绣花鞋为生日礼物向女性长辈祝寿的活动，而且经久不衰，颇有风行之势。第一次用它做生日礼物的是一位名叫约翰·考必克的美国青年医师。当初，他在中国旅行，出于好奇心理将绣花鞋带回国，分别在母亲60岁寿辰、姑母70岁寿辰、外婆80岁寿辰的时候，各献上一双精美、漂亮的中国绣花鞋作为祝寿的礼品。不想这三位长辈穿上这珍贵的"生日鞋"时，都感到非常的舒服和非凡的惬意，她们称赞约翰·考必克为她们送来的是"长寿鞋""防老鞋""防跌鞋"。

此事不胫而走，美国西部各地的人们纷纷仿效，争相购买。于是，中国绣花鞋便神话般地成为当地市场的抢手货，绣花鞋上的花色图案，更是千姿百态，各显异彩。

现在，绣花鞋已似乎可以献给每一位女性。一些很小的孩子也常常在长辈的教诲下，将绣花鞋献给年轻的女性长辈。有一位6岁的美国小女孩，在她17岁的未婚姑姑生日时，送给姑姑一双绣花鞋，上面绣有17朵色彩不同的花。绣花的特殊意义，由此可见一斑。

思考题：

1. 中国绣花鞋畅销美国，反映了顾客的何种需要？

2. 本案例中，顾客是在哪些动机驱使下采取购买行为的？

一、购买动机概述

（一）购买动机的含义

动机的原意是引起动作的念头。在普通心理学中把推动和指引人们去从事各种活动的内部动因或动力叫作动机。在消费心理学中，把能够引导人们购买某一商品，选择某一商标、劳务或选择某一货币支出投向的动力，称之为购买动机。有人把动机比喻为汽车的发动机和方向盘。这个比喻是说动机既给人的活动动力，又可调整人的活动方向。因此，动机概念（购买动机概念也在此列）的核心就是动力和方向。人们的各种活动都是由一定的动机引起的，它体现着人们的需要对其行为活动的激励作用，把人们的活动引向一定的、满足他们所需要的具体对象上。人的绝大部分动机，都是需要的具体表现，或者说是需要的动态表现。需要处于静态时，则不成为动机。

（二）购买动机的形成

消费者购买动机产生的原因不外乎内因和外因，即消费者的内部需要和外部诱因两类。

▶ 1. 需要刺激动机

由于个体正常生活的某个方面出现"缺乏"，就会产生"需要"，当这种需要被个体意识到之后，他的整个能量便会被动员起来，有选择地指向可以满足需要的外部对象，于是"动机"出现了。

消费者的动机与需要的关系极为密切，他们都是购买行为的内在因素，是达到满足需要的行为动力。当消费者产生了某种消费需要时，心理上就会产生紧张情绪，成为一种内在的驱动力，即产生动机。有了动机，就要选择或寻找目标。当目标找到后，就进行满足需要的活动。行为完成的过程，就是动机和需要不断得到满足，心理紧张状态不断消除的过程。然后，又会有新的需要产生，新的动机形成，新的行为活动开始，如此周而复始。这个过程为：缺乏、需要、紧张、动机、目标导向、目标行动、需要满足、新需要产生。所以，动机是由个体需要引起的达到满足需要的行为动力，是需要的具体体现。

▶ 2. 外部诱因

在现实消费中，并不是所有的动机都是由需要这种内部刺激产生的。如某消费者路过某商场，看见不少人正在争购一种市面上流行的面料，于是她也挤上去买了一块。又如，有时引起人食欲的，并非是饥饿，而是美味佳肴的色、香、味。消费心理学把这种能够引起个体需要或动机的外部刺激（或情境）叫作诱因。"诱因论"在商业活动中有着重大意义。但诱因毕竟只是消费者动机的外因，它终究还要通过消费者的内因——需要起作用。然而，并不是所有的需要都是通过消费者的内因而被消费者所意识到的，在这种情况下，营销服务人员必要的提示就显得很重要。商业上的提示有各种各样的方式：可以口头提示，即面对面向顾客作介绍；也可以通过各种广告媒体的提示；而最强烈的提示是商品本身的展示。许多有经验的工商企业经常要举办各种类型的商品展评会或展销会，其心理根据就在于此。

在展销会上，一些消费者本来只是抱着参观的态度而来，可是当他看到某种合意的新商品时，便会踊跃购买。尤其对新产品投放市场，能否打开局面没有把握时，采用各种方法来进行"提示"，作用很大。总之，消费者的购买行为是经常要受到外界刺激的。如何适时地给消费者以刺激，是生产经营厂家和营销人员应当研究的重要课题。一般说，刺激越多，诱因越强，购买越有可能。所以，有经验的营销服务人员都会主动热情地向顾客介绍（提示）商品，从而达到促销的目的。

从上面分析可知，消费者购买动机产生的原因不外乎内因和外因，即内部需要和外部诱因两类。没有动机作为中介，购买行为不可能发生，消费者的需要也不可能得到满足。因此，动机及其成因与行为这三者之间的关系如图 4-2 所示。

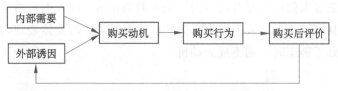

图 4-2　购买动机、成因与行为之间的关系

(三) 购买动机的作用

消费者行为的直接原因是动机。动机是引起行为发生、造成行为结果的原因。购买动机的作用如下。

(1) 始发作用。这是引起消费者购买行为的初始动机，这种动机引导消费者购买哪种产品，驱使产生某种行动。

(2) 导向(或选择)作用。这是动机的调节功能所起的作用。因为消费者的动机是多种多样的。某种最强烈的动机使行动在一定范围内，朝着特定的方向，选择性地决定目标。

(3) 维持作用。人的行为是有连贯性的，动机贯穿于某一具体行动的始终，不断激励人们，直至动机实现。

(4) 强化作用。行动的结果对该行为再生具有加强或减弱作用(正强化和负强化作用)。

(5) 中止作用。当某种动机得到实现后，便会中止有关的具体行动。当然，机体的动机不会停止的，一个动机停止了，另一个动机又被激起，发起新的心理过程。

二、购买动机的分类

消费者购买商品的动机是复杂的、多层次的、交织的、多变的。在购买过程中，有时看来很简单的行动，可以包含丰富的心理活动，很难说是一个或几个动机所推动的。动机可以按照不同的标准进行分门别类。从普通意义上分，可以把消费者的动机划分为生理性购买动机和心理性购买动机。

(一) 生理性购买动机

消费者由于生理本能上的需要而产生的购买动机叫作生理性购买动机。如人类为了维持和延续生命，都有饥渴、寒暖、作息等生理本能。具体表现为：

(1) 维持生命延续的动机。它是指人们为了求得生存，必然产生购买基本生活必需品的动机。购买食品、饮料、工具、住宅等必要的生活资料及为了获得生活资料而需要的劳动资料的购买，都是这一类。

(2) 保护生命的动机。指现实生活中的人们为了能够使自己的生命安全得到保障，并能够提高每日的生活质量、生活舒适度的购买动机。为御寒而购买衣服鞋袜，为治病而购买药品，以及家庭、人身保险等行为，属于这类。

(3) 延续后代的动机。指为了使孩子聪明、健康、可爱，人们购买抚育儿女所需商品的动机。

(4) 发展生命的动机。它是指为生活方便、舒适，为掌握、提高劳动技能和知识而购买商品的动机。一般地讲，为满足本能需要的商品，供求弹性比较小，多数是日常生活不可缺少的必需品，购买具有经常性、重复性和习惯性的特点。

（二）心理性购买动机

消费者为满足自己的心理性需要而产生的购买动机叫作心理性购买动机。由于消费者心理性需要而引发的心理性购买动机，比生理性购买动机更为复杂多样。特别是社会经济的发展和人民物质文化生活水平的提高，引起人们购买行为的心理性动机越来越占据重要的地位。因此，研究消费者购买的心理性动机，对于把握消费的发展趋向，既有理论意义又有实践意义。心理性购买动机具体又可表现为：

（1）感情动机。它由情绪动机和情感动机两方面组成。情绪动机是由人的喜、怒、哀、欲、爱、恶、惧等情绪引起的动机。消费者由于这种动机而从事购买活动时，往往表现出冲动性和不稳定的特点。如小孩由于欢乐的动机买玩具；有些小康家境，或准备结婚的青年，看到同事家有架钢琴，不管自己是否需要，也要买上一架，以装点门面。情感动机是道德感、群体感、美感等人类高级情感引起的动机。如人们为了爱美而购买化妆品，为了友谊而购买礼品，或购买能够显示自己经济能力和身份、威望的商品等。这种动机总是与理智相联系的，因此，具有相对的稳定性和深刻性。

（2）理智动机。这种动机是建立在消费者对商品客观认识的基础上，经过充分地分析比较后产生的购买动机，它具有客观性、周密性和控制性的特点。在理智动机驱使下的购买，比较注重商品的设计和品质，讲究实用、可靠、便宜、方便和效率等。

（3）惠顾动机。这是对特定的商店、厂家或商品，产生特殊的信任与偏好，使消费者重复地、习惯地前往一定的商店，购买同一厂家、同一商标的商品的一种行为动机。产生这一动机往往出于某商店地点之便利，服务之周到，秩序之良好，商品之丰富，服务态度之文明，价格之公平；或是某一牌号地位之权威；或是消费者个人的嗜好心理倾向。而以满足个人特殊偏好为目的的购买动机，一般有集邮、钓鱼、收藏、养花等，又如湖南、四川人，走到哪里都爱吃辣货。另外嗜好心理还具有民族性，据社会学家热拉尔·梅尔梅在其《从统计看欧洲人》一书中，曾这样说道：比利时人最爱养猫，平均每四户人家有一只猫咪；爱尔兰人的家庭最爱养狗，40％的家庭养狗；德国人是做啤酒和香肠的冠军，他们有1456种香肠；而法国人喝葡萄酒则是无人可与之匹敌的，人均每年消费75升等。这种有某种嗜好心理的顾客，往往是工商企业最忠实的支持者，他们不但自己经常光临商店，而且对潜在的顾客有很大的宣传、影响作用。一个工商企业能否在顾客中广泛激发起惠顾动机，实在是经营成败的关键。

三、消费者购买动机的具体表现

在人的购买行为中，往往既有生理性的购买动机又有心理性购买动机，相互交织在一起，并不好区分，而且，如果光是这两种购买动机就显得非常粗略了，不便于制定出有指导性的营销方案。这就需要更具体地加以研究。具体说来，消费者的购买动机主要有：

（1）求实动机。这是以注重商品或劳务的实际使用价值为主要目的的购买动机。消费者在购买商品或劳务时，特别重视商品的实际效用、功能质量，讲求经济实惠、经久耐用，而对商品的外观造型、色彩、商标、包装装潢等不大重视。在购买时大都比较认真仔细地挑选，也不太受广告宣传的影响。一般而言，消费者在购买基本生活资料、日用品的时候，求实动机比较突出，而在购买享受资料、较高档次的、价值大的消费品时，求实动机不太突出。此外也要看消费者的消费支出能力和消费的价值观念。

（2）求新动机。这是以注重商品的新颖、奇特和时尚为主要目的的购买动机。消费者在购买商品时，特别重视商品的外观、造型、式样色彩和包装装潢等，追求新奇、时髦和与众不同，而对陈旧落后时代的东西不屑一顾，在购买时受广告宣传、社会环境和潮流导向影响很大，具有这种购买动机的消费者一般来说观念更新较快，容易接受新思想、新观念，生活也较为富裕，追求新的生产方式。

（3）求美动机。这是以注重商品的欣赏价值和艺术价值为主要目的的购买动机。消费者购买商品时特别重视商品对人体的美化作用、对环境的装饰作用、对其身体的表现作用和对人的精神生活的陶冶作用，追求商品的美感带来的心理享受，购买时受商品的造型、色彩、款式和艺术欣赏价值的影响较大，强调感受，而对商品本身的实用性要求不高，这样的消费者往往文化素质较高，生活品位较强，但从现在的情况看，也有这样两个趋势：其一是随着人们生活水平的提高，收入的增加和用于非食物方面开支比重的增大，求美动机越来越强烈了；其二是随着时间的推移，人们休闲时间的增加，越来越多的人注重求美的动机了。

（4）求廉动机。这是以注重商品价格低廉，希望付出较少的货币而获得较多的物质利益为主要特征的购买动机。价格敏感是这类消费者的最大特点，在购买时不大看重商品的外观造型等，而是受处理价、优惠价、大特价、清仓价、"跳楼价"等的影响较大，一般而言，这类消费者收入较低或者经济负担较重，有时也受对商品的认识和价值观的影响，近年来还有一种趋势，就是在目标市场营销中，较低档次的消费者对于较高档次的消费品而言，往往是求廉购买。比如在广州不少的时装专卖店，本来是面向高收入者的，他们讲究时装的质地、款式、时髦与否、服务、购物环境等，普通大众一般的时候是不会光顾的，但在换季时大减价清仓处理，普通的消费者此时出去抢购，就是求廉动机的激发。

（5）求名动机。这是一种以追求名牌商品或仰慕某种传统的名望为主要特征的购买动机。消费者对商品的商标、商店的牌号等特别重视，喜欢购买名牌产品，在购买时受商品的知名度和广告宣传等影响较大，一般而言，青年人、收入水平较高的人常常具有这种购买动机。

（6）好胜动机。这是一种以争强好胜或为了与他人攀比并胜过他人为目的的购买动机。消费者购买商品主要不是为了实用而是为了表现比别人强，在购买时主要受广告宣传、他人的购买行为所影响，对于高档、新潮的商品特别感兴趣。

（7）炫耀动机。这是一种显示地位、身份和财富势力为主要目的的购买动机。消费者在购买商品或从事消费活动时，不太重视消费支出的实际效用而格外重视由此表现出来的社会象征意义，通过购买或消费行为体现出有身份、权威或名流的形象，具有显耀动机的人与具有好胜动机的人相比，通常所处的社会阶层高，而又经常与下一阶层的人在一起，为了与众不同，常常购买具有社会象征意义的商品。

（8）求同动机。这是一种以求得大众认可的购买动机。消费者在购买商品时主要以大众化为主，跟上潮流即可，人有我有，不求创新，也不要落后，有时也称为从众动机，在购买时受购买环境和别人的经验、介绍推荐影响较大。

（9）便利动机。这是一种以方便购买、便于使用维护为主的购买动机。在购买价值不高的日用品时，消费者常常具有这种购买动机，对于这类日用消费品，消费者经常购买，经常使用，购买时也不太认真挑选，讲求便利是其主要特征，他们对服务也有一定的要求。

（10）偏爱动机。这是一种以某种商品、某个商标和某个企业为主的购买动机。消费者由于经常地使用某类商品的某一种，渐渐产生了感情，对这种商品、这个商标的商品或这个企业的商品产生了偏爱，经常指名购买，因此有时也称为惠顾动机．再广泛一点说，有人喜欢购买日本货，有人喜欢购买国产货等都是属于偏爱动机，企业注重服务，善于树立产品形象和企业形象往往有助于培养、建立消费者的偏爱动机。

以上列举的仅是现实生活中常见的一些很有限的消费者购买动机。需要指出的是，消费者仅由一种动机而采取行动的情况在现实生活中为数不多，其购买行动常常是多种动机共同作用的结果。因此不能一概而论，不能孤立地研究和看待上述各种动机，要具体问题具体分析。

思考：

请观察你周围熟悉的人是否购买了家庭轿车？其购买动机是什么？你更换新手机了吗？更换的动机是什么？

四、消费者消费动机的冲突

（一）动机冲突的概念

动机冲突指个体活动中，同时产生两个或两个以上的动机，其中某一个动机获得满足，而其他动机受到阻碍时，所产生的难以做出抉择的心理状态。在日常生活中，当一个人要采取某种重大行动之前，往往就处于这种心理状态，并有紧张的情绪伴随。

消费动机冲突是消费者在采取购买行为前或在购买行为中发生的动机冲突，表现为几个相互矛盾的消费动机相互斗争，斗争的结果将决定如何购买商品。常见的有：是买这种牌号还是买那种牌号的商品；是先买空调器还是先买音响；外出旅游，是乘火车还是乘汽车等，都是消费冲突的例子。

（二）对消费动机冲突的分析

▶ 1. 从消费者具体购买行为角度分析

从消费者具体购买行为角度分析，动机冲突主要表现为以下几条。

（1）对于两种或几种商品选购上动机的冲突。如上所说，一个人存了一笔钱，是买空调呢，还是买音响，久久不能决定，这就是典型的选购动机冲突。很显然，这是买哪一个更好的问题。因此，他买空调器的动机和购买音响的动机有了对抗的关系，从此而产生了"买哪一样"的选择。

（2）对于同一种商品买与不买的冲突。如某人需要一台电冰箱，但是他不能马上决定买与不买。一方面，他需要买，因为他需要有一台冰箱，在夏天可以很方便地喝到冷饮，还能储藏食品，可以节省买菜的时间，根据这些动机产生的心理力量，促使他倾向于购买冰箱。另一方面，由于他经济上不充裕，限制了购买力，这又产生了阻碍购入的心理力量。于是，在某人的心理状态中，便由倾向其购入的力量和阻碍其购入的力量形成"心理场"。

▶ 2. 从消费者动机冲突的表现形式角度分析

从消费者动机冲突的表现形式角度分析，动机冲突可以表现为以下几条。

（1）双趋冲突。指消费者个人具有两种以上都倾向购买的目标而产生的动机冲突。这时不知怎么办才好，显得踌躇不定。如周末既想看电影又想跳舞？在这种情况下就需要做出一般不带有痛苦感的决定，只要采取"两利相权取其重"的目标，基本上就可以消除冲突。

（2）双避冲突。指消费者个人有两个以上想要避免的目标而产生的动机冲突。如某消费者从服务态度不够理想的售货员手中买了高档的收录机，回家后发现质次价高，想要退货，但是一想起退货时可能发生的不愉快情景，倒不如忍气吞声算了。在这种情形下消费者也不是真正愿意不声不响地蒙受损失，只是不愿意看到不愉快的面孔罢了。解决这类冲突，消费者的苦恼就要大一点，最佳的选择是采取避大害式选择，即"两害相权取其轻"。例如，一个消费者认为碰上营业员不友好的面孔更难受，那么，他就会忍气吞声地蒙受损失；而另一个消费者认为蒙受损失更难受，就会冒着同营业员争执吵闹的可能要求退货，把钱要回来。

（3）趋避冲突。指个人面临的目标，在想趋近的同时又想避开而造成的动机冲突。它在消费者同时面临具有愉快，又能引起不愉快的商品时发生。如当一种新产品面市，当消费者对它还不熟悉、了解时，既想购买，又怕上当；买大件耐用品时，既想买价格便宜的，又唯恐质量不保证；高压锅因省时、节能受到人们喜爱，但若使用不当或质量不过关，又有危险。在这种冲突下，可采用趋利避害式选择。

应该提醒的是，在消费者动机冲突的情况下，营销人员及时提示和指导，意义重大。

五、消费者购买动机的特点

（1）转移性。这是指主导性动机和辅助性动机的相互转移或转化。一个购买行为往往为多种动机所驱使，其中的主导动机起主要作用。但在决策或选购过程中出现了较强的新刺激，如商品不合格、质量有问题、价格不理想、或到购物现场看到式样更新、功能更全的商品等，则主辅动机会相互转化。

（2）内隐性。消费者虽然知道自己的动机，但不愿对别人讲明。如国外有人在自己院子里修建一座游泳池，主动权是为了向别人夸耀自己的财富，表明自己的生活档次，但却对别人说是为了锻炼身体，增强健康。

（3）模糊性。消费者的购买动机可能是在有意识的心理状态下体现的，也可能是在潜意识下体现的，有时还可能是由许多种动机交织在一起，连消费者本人也不知道自己的购买动机。如有人在家铺地毯，既可能是为了显示优越感，也可能是为了居室清爽少尘。再如购买花衬衣，自己也说不清楚是什么动机促成的。

（4）冲突性。在购买时内心出现矛盾心理，左右为难的情形，也叫动机斗争。冲突的形式和解决冲突，实现购买的情况，在上面已经分析过，这里就不赘述了。总之，这时消费者要有理智。

六、制订激发购买动机的策略

消费者都是带有一定的动机和欲望走进商店，但进店的消费者并不一定实现购买。往往没有实现购买的主要原因是消费者的购买动机不是很明确。因此营销工作者要想实现销售目标，就应该努力在激发顾客购买动机上下功夫。

（一）制订激发购买动机的基本策略

首先，可以通过开发设计有吸引力的产品来激发购买动机。意思是指要想在琳琅满目的商品中脱颖而出，那就是要突出产品的个性，做到以人为本，通过改进产品的属性，突出产品特色，以此来激发消费者的购买动机。

其次，可以利用广告宣传来激发购买动机。通过广告画面、音乐、情节以及广告语，增强消费者对商品的认知，求得消费者在情感上的共鸣，从而激发购买动机。

此外，可以通过情境和人员服务激发购买动机。

（二）现场激发购买动机的方法

根据消费者购买动机的可激发性，运用各种方法和手段，向消费者提供商品信息资料，对商品进行说明，使消费者购买动机得到强化，对该商品产生喜欢倾向，进而采取购买行为的过程。营销者的激发可促使消费者的心理倾向购买方向，有利于帮助实现销售。营销者激发消费者的购买动机，必须遵守职业道德，采取科学的激发方式，强化消费者的购买动机。主要的激发方法有以下几种。

▶ **1. 证明性激发**

证明性激发主要包括实证激发、证据激发和论证激发。

（1）实证激发。即当场提供实物证明的方法，这种方法逐渐被采用。例如，把手表放入水槽中陈列，以证明其防水性能，激发顾客的信任。这种方法可因行业、商品不同而采用不同方式，如玩具当场操作表演；录音机、电视机当场收听、收看；服装让顾客试穿；面料做成使用状态给顾客看等。

（2）证据激发。即向消费者提供间接消费效果证据的方法，有些商品不适于采取实证方法，就可以采用证据方法激发。例如，推销饮料产品时，就可以向顾客指明，这种饮料是奥运会中国代表团指定饮料，那种饮料是中国消费者协会推荐产品，效果反映相当不错。证据激发要使用消费者所熟知的，又有感召力的实际消费证据，才能使消费者相信所购商品靠得住。

（3）论证激发。即以口语化的理论说明促进信任的方法。这种方法要求营销人员有丰富的商品学知识，对出售商品的化学成分、生产工艺、质量性能、使用方法有清楚的了解，同时有诉说能力，简明扼要地向消费者介绍。例如，对化纤纺织品，无须说明化纤有7大类，只需向顾客说明："化纤产品，洗后不用熨烫就可穿用，挺括实用"，便能收到激发效果。

以上 3 种激发方法，从一次激发角度分析，实证激发效果较佳，证据激发效果次之，论证激发效果较小。从多次激发结果看，效果顺序正好相反。

▶ **2. 建议性激发**

建议性激发指在一次激发成功后，乘机向消费者提出购买建议，达到扩大销售的目的。建议性激发的内容，有以下几个方面。

(1) 建议购买高档次商品。提这类建议的条件是要对顾客的购买预算做出判断，以免建议不妥伤了顾客的自尊心。

(2) 建议购买替代商品。提这类建议的条件是消费者欲购甲牌商品，本店无货，但有在质量、性能、价格上与甲牌商品不相上下的乙牌商品，但不要强求顾客购买。

(3) 建议购买关联商品。进行关联商品购买建议要注意当两项商品有主次之分时，顾客购买主项商品后建议购买次项商品极易成功，反之则较困难。例如向购买鞋油的消费者建议买皮鞋，往往白费口舌。

(4) 建议购买大包装所需商品。同类商品大包装比小包装在费用上较为经济。对于某些连续使用的消耗性商品，这种建议容易成功。

(5) 建议购买新产品。新产品对消费者来说，没有使用经验的参考，购买欲望难于形成。营销人员要做好宣传，并做出退换，保修承诺，才有可能建议成功。

进行建议性激发，营销人员要记住顾客有潜力可挖，彻底破除实现一次销售就等于接待完一位顾客的观念。在行为上要表现出，提建议的动机是为顾客着想，措辞言简意赅，出语顺应自然。即使销售未获成功，至少在顾客中树立良好的商业信誉。

▶ **3. 转化性激发**

以上两种激发方式方法运用时消费者可能会提出问题，甚至针锋相对，使买卖陷入僵局。这时就需要通过转化性激发，缓和气氛，重新引起消费者的兴趣，使无望的购买行为变为现实，常用的转化性激发有以下几种。

(1) 先肯定再陈述。先肯定顾客言之有理的意见，使顾客得到心理上的满足，然后再婉言陈述自己的意见，这样可以令消费者自然地回心转意，从而采取购买行为。

(2) 询问法。即找出顾客不同意见的原因，再以询问方式，转化对方意见，询问中态度要和蔼，否则顾客被问得哑口无言，顾客失了面子，为了自尊，宁可到其他商店购买。

(3) 转移法。即把顾客不同的看法，直接转移到出售商品的特点上去，使顾客心理通过思维的桥梁，集中到销售商品的特点上。

(4) 拖延法。遇到顾客提出意见难于回答时，就不能急于用不充分的理由去诉说，可以先给顾客看商品说明书，用短暂的时间考虑有说服力的回答。

总起来说，运用购买动机的可激发性，因时、因地、因人、因商品使用各类激发方法，能够唤起消费者的潜在欲望，促使他们采取购买行为，能够顺利地实现消费者的意识欲望。抓住消费者接触 30 秒钟，把握时机，运用技巧，为未来的激发打下良好商品的最初的基础。良好的结束语会引起顾客下次购买的欲望，实现未来的销售。

最厉害的销售员

一个乡下来的小伙子去应聘城里"世界最大"的"应有尽有"百货公司的销售员。老板问他："你以前做过销售员吗？"

他回答说："我以前是村里挨家挨户推销的小贩子。"

老板喜欢他的机灵："你明天可以来上班了。等下班的时候，我会来看一下。"

一天的光阴对这个乡下来的穷小子来说太长了，而且还有些难熬。但是年轻人还是熬到了5点，差不多该下班了。老板真的来了，问他说："你今天做了几单买卖？"

"一单，"年轻人回答说。

"只有一单？"老板很吃惊地说："我们这儿的售货员一天基本上可以完成20~30单生意呢。你卖了多少钱？"

"300 000美元，"年轻人回答道。

"你怎么卖到那么多钱的？"目瞪口呆，半晌才回过神来的老板问道。

"是这样的，"乡下来的年轻人说，"一个男士进来买东西，我先卖给他一个小号的鱼钩，然后中号的鱼钩，最后大号的鱼钩。接着，我卖给他小号的渔线，中号的渔线，最后是大号的渔线。我问他上哪儿钓鱼，他说海边。我建议他买条船，所以我带他到卖船的专柜，卖给他长20英尺有两个发动机的纵帆船。然后他说他的大众牌汽车可能拖不动这么大的船。我于是带他去汽车销售区，卖给他一辆丰田新款豪华型'巡洋舰'。"

老板后退两步，几乎难以置信地问道："一个顾客仅仅来买个鱼钩，你就能卖给他这么多东西？"

乡下来的年轻售货员回答道，"他是来给他妻子买卫生棉的。我就告诉他'你的周末算是毁了，干吗不去钓鱼呢？'"

分析：看似不可能取得的销售奇迹，究竟是如何取得的？答案很简单：是通过一次又一次地在客户心目中建立新的意愿图像，帮助客户发掘自己没有意识到的需求，来实现成交的。

这个案例生动地告诉我们：销售和人的心理有关，懂得挖掘客户内心深处的需求、不断在客户心中建立新的意愿图像，有时可以起到事半功倍的效果。

任务实施

步骤1：组建小分队，以小分队为单位，按照每个项目的任务要求，通过分工协作，独立制订计划并实施计划，完成项目任务。每个小分队6~8人，可自由结组，优势互补；小组内保证必须男女皆有；每个小组在完成任务过程中，小组成员不变；小组成员在不同的任务中要承担不同的角色，进行角色轮换。

步骤2：以小组为单位学习，制订项目实施计划，小组成员协作分工完成任务。

步骤3：每组派代表就任务完成情况汇报。

步骤4：教师、企业专家、学生代表三方组成的成绩评定团进行评价。

任务评价

参照表 4-2,对学生任务完成情况进行评价。

表 4-2 任务评价表

考评项目	考评点	分值	评分	评分人签名
方案内容	方案内容的实用性	20		
	方案格式的完整性	20		
	方案制订的全面性	10		
	方案内容的创新性	10		
语言	语言规范,对方案掌控良好	5		
	语言清楚简练,生动通俗	5		
	应答有礼有节	5		
	时间把握恰当	5		
课件设计	课件制作新颖	10		
	课件使用效果好	10		
合计		100		

工作任务三 协助消费者进行购买决策

任务目标

知识目标:

1. 掌握消费者购买决策的类型。

2. 购买决策过程及影响因素。

3. 购买行为的概念、特征与类型。

能力目标:

能够运用适当的营销策略引导消费者做出购买决策。

情感目标:

1. 培养学生团队合作精神。

2. 培养学生创新思维。

任务分析

通过完成此任务的学习,使学生能充分理解购买决策各环节的内容,准确判断购买决策类型，协助消费者完成购买决策并实施购买行为，培养学生灵活运用策略解决问题的能力。

帮王女士选服装

王女士是一名企业主管，经常要出入各种社交场合，所以她经常要为自己选购服装，并且常常要为自己选购的服装搭配各种饰品、丝巾或是鞋子等相关饰物。

这个周末，企业要组织员工一起出去踏青春游。一向注重公众形象的王女士当然又要进行大采购了。也许是自己经常选购的都是时装和礼服的缘故，到了选购休闲装的时候反而不知道买什么样式的好了，自己到商场转了一大圈也没有拿定主意。她打电话咨询了一下自己的好朋友杨女士，杨女士建议她到一些运动休闲品牌专卖店去选购，说专卖店里的运动休闲装分类细、款式多，一定可以找到合适的。

按照杨女士的建议，王女士又来到一家运动休闲品牌专卖店里进行挑选。王女士来之前已经想好了，主要从以下四个方面考察运动休闲装：服装的时尚性、舒适性、耐穿性和清洗的便利性。不过，这次王女士又遇到了新的麻烦，她选中了四款休闲装，这四款服装价格相近且各有优点，但没有一款是完全符合自己要求的。

该店的营业员小罗已经站在不远处观察了她一段时间，发现她反复在这四款服装前观察比较，但又犹豫不决，小罗肯定地认为王女士对服装有购买需要。为了把握住这位顾客，不让顾客流失，小罗决定跟她聊聊天，帮助王女士做出购买决策。

通过有效的沟通，小罗了解了王女士的购买动机，并发现王女士对四款运动休闲服有以下一些看法。

A款：面料舒适性不错，穿着舒适；是单装，去年的流行款，不过今年大街上还有不少人在穿；不太耐穿；清洗起来也不是很方便。

B款：面料舒适性也很好，穿着舒适；也是单装，今年刚上市的新款；不耐穿；清洗起来很麻烦。

C款：面料舒适性一般，穿在身上感觉透气性不是很好；今年刚上市的新款，并且有搭配的休闲裤和休闲裤带；耐穿性一般；清洗起来比较方便。

D款：面料舒适性较好，特别是透气性不错；是套装（上衣＋裤子），去年的旧款，今年已经不流行了；耐穿性很好；清洗起来也很方便。

假如你是营业员小罗，请你根据上述情况分析王女士的购买决策过程，并给出合理的建议协助王女士做出购买决策。

消费者购买决策是指消费者为了满足某种需求，在一定的购买动机的支配下，在可供选择的两个或者两个以上的购买方案中，经过分析、评价、选择后实施最佳的购买方案以及购后评价的活动过程。

一、消费者购买决策的内容

在今天的市场经济中，消费者会遇到各种决策问题。但是主要有以下几个方面。

(一)为什么买(Why)——购买目的和购买动机

消费者的购买动机是多种多样的。如同样买家庭轿车，有的人是为了工作方便，有的人是为了改善生活品质，有的人则是为了显示自己的身份、地位和财富。

(二)买什么(What)——确定购买对象

决定买什么是消费者最基本的任务之一。它是决策的核心和首要问题。如夏季到了，为了防暑降温，需要购买空调，必须明确空调是买分体的还是买立式的，是买"格力"牌还是买"美的"牌的，买什么颜色的。

(三)为谁买或由谁买(Who)——确定使用者和购买者

为谁买，决定着购买商品的各项基本属性。如款式、包装、装潢、物理机械性能等。消费者所使用的商品并非都由自己亲自购买，同样，购买的商品也并非都由自己使用。

(四)什么价格买(How much)——确定购买价位

消费者的经济收入，一定程度上决定了消费者的消费档次。同样的商品，不同的购买动机也决定了其最终消费者的支出会有很大的不同。

(五)买多少(How much)——确定购买数量

购买数量取决于消费者的实际需要、支付能力及市场的供求情况等因素。如果某种产品在市场上供不应求，消费者即使目前并不急需或支付能力不强，也可能借钱购买；反之，如果市场供给充裕或供求于过，消费者既不会急于购买，也不会购买太多。

(六)在哪里买(Where to buy)——确定购买地点

购买地点的决定受多种因素的影响。如路途的远近、可挑选的商品品种、数量、价格以及商店的服务态度等。

(七)何时买(When to buy)——确定购买时间

决定何时购买受众多因素的影响。如消费者对某商品需要的急迫性、市场的供求情况、营业时间、交通情况和消费者自己的空闲时间等。此外，商品本身的季节性、时令性也影响购买时间。

(八)如何买(How to buy)——以什么方式购买

如何买涉及的是购买方式的确定。如是直接到商店选购，还是函购、邮购、预购或托人代购；是付现金、开支票，还是分期付款等。

二、消费者购买决策的类型

消费者购买决策的类型是多种多样的，从不同的角度可以分为不同的类别，同一个消费者的购买决策类型也会随着自身和环境的变化而发生变化，即使在同一时间，消费者还会因购买产品的不同而采取不同的决策类型，这是由消费者的FUD心理决定的。其中，F——fear(恐惧、担心)、U——uncertain(不确定性)、D——doubt(怀疑)。并不是消费者在购买任何产品时，FUD心理都起相同的作用，比如买一袋饼干，这种心理一般不会发生，而当消费者购买价值较高、有一定技术含量、需要较多售后服务等支持的产品时，这种心理就会起作用，影响着消费者的购买与评价。

根据消费者的 FUD 心理和消费者购买产品时的参与度，将消费者的购买决策分为三种类型：惯常决策、有限决策和广泛决策，前两种决策属于低参与度的决策，后一种决策属于高参与度的决策。

（一）惯常决策

惯常决策是指消费者针对价格低廉、经常购买、品牌差异小的商品或服务时而采取的购买决策类型。因为是经常购买，所以消费者有丰富的先前购买经验，有相对固定的购买品牌，通常也有相对固定的购买场所、购买时间、购买数量等，每次购买前消费者花费在收集信息和决策方面的时间较少。例如，对日用消费品的购买，通常采用惯常决策。一位典型的家庭主妇是不会站在货架前花费 30 分钟选一瓶酱油的，通常都是直接走到货架前，拿起自己常用的品牌，几乎花费不了多少时间。主要营销策略是：利用价格与销售促进吸引消费者试用，开展大量重复性广告加深消费者印象。

（二）有限决策

有限决策是指消费者购买次数介于惯常决策和广泛决策之间的决策。消费者对产品也有一定的购买次数，通常购买对象的成本较低，但比惯常决策的商品或服务的价格要高，消费者有一定的购买经验，但每次选择前还是会进行比较评价。例如，冬季到了，一位女士想买一件大衣，她通常会先到自己经常惠顾的商场或品牌专柜去转转，了解当时的流行趋势，有没有自己中意的大衣。如果发现感兴趣的，她会进行试穿评价；如果没有让她满意的大衣，她就需要重新选择品牌，这时她就要花费更多的时间和精力去收集信息，并评估各种可能的选择。

（三）广泛决策

广泛决策是指消费者购买贵重的、不常买的、有风险而且又非常有意义的产品时采取的决策类型，是消费者购买决策类型中最复杂的一种类型，消费者会花费相当多的时间和精力去收集相关的信息并评估各种备选方案，因而消费者的参与水平很高，这是由消费者购买此类产品所需承担的高风险与无先前经验决定的。一般针对大件商品购买，如购买房屋和大型家电等。营销策略是：采取措施，帮助消费者了解产品性能及相对重要性，介绍产品优势及给购买者带来的利益，影响购买者的最终选择。

总之，消费者购买产品的决策类型并不是固定不变的，会随着各种条件的变化而发生变化。如一位女士第一次买酱油时不会采取惯常决策而采取有限决策，但当她重复购买几次以后或熟悉不同品牌酱油之后，她就会采取惯常决策类型；又如开始时采用广泛决策的消费者，也可能在将来的购买中采取有限决策甚至是惯常决策。

三、参与购买决策的角色

同一个消费者在不同的购买行为中会以不同的角色参与购买。界定消费者角色也是有效制订营销策略的基础，无论是商品研制者、生产者，还是销售者，必须具体地、有针对性地为不同消费角色制订产品与服务方案，区分消费者角色是一项重要的营销活动。

在某些产品的购买决策过程中，其参与者扮演着以下五类角色：

（1）发起者。发起者是首先提议购买某种产品或服务的人。

（2）影响者。影响者是其观点或建议对决策有影响的人。

（3）决定者。决定者是最后决定整个购买意向的人。

（4）购买者。购买者是实际执行购买决策的人。

（5）使用者。使用者是实际消费产品或服务的人。

当消费者以个人为单位购买时，五种角色可能同时由一个人担任。如通常女性自己购买选择自己用的口红。当消费者以家庭为购买单位时，五种角色往往由家庭不同成员分别担任。例如，一个家庭要购买一台计算机，发起者可能是孩子，他认为计算机有助于查找信息资料，提高学习效率；影响者可能是爷爷，他表示赞成；决定者可能是母亲，她认为孩子确实需要，家庭经济状况也有购买能力，在权衡利弊之后决定购买；购买者可能是父亲，他到商店去选购、付款；使用者主要是孩子。

企业正常地辨认消费者购买决策过程中的参与者所扮演的角色，有助于将营销活动有效地指向目标顾客，制订正确的促销策略。如美国学佛兰汽车公司发现家庭小轿车购买的决策权在丈夫，便在所有小轿车的广告中体现丈夫的作用，并同时注意妻子、孩子和其他可能营销购买活动的人。另外，在设计小轿车时，雪佛兰还考虑了购买决策参与者的需要。

四、消费者购买决策过程

消费者购买决策过程较为复杂，由一系列相关联的活动构成，营销学者对决策过程阶段的划分不尽相同，菲利普·科特勒先生把决策过程分为 5 个阶段，如图 4-3 所示。

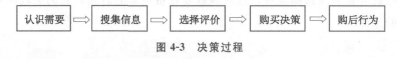

图 4-3 决策过程

（一）认识需要

顾客的购买决策过程以刺激需要为出发点。所谓需要，就是指存在于人们内心，对某种目标的渴求或欲望。顾客需要具有层次性、复杂性、无限性、多样性、动态性以及交互性等特点，因此不仅可以针对某一具体的需要进行刺激，而且顾客需要具有接受信息、反馈、重组等功能。这样顾客需要就可以自行修正，不断更新。

具体地说，顾客需要受到两种刺激影响，即内部刺激和外部刺激。销售人员应该注意识别引起顾客某种需要或兴趣的内外环境，充分注意到相关问题，比如什么原因驱使顾客来购买本公司的产品？什么因素促使顾客这个时令季节来购买本公司的产品？顾客购买本公司的产品最关心的是什么等。事实上，顾客对某种产品的需要的强度会随着时间的推移，内外部诱因等而发生变化，比如季度的交替，收入的变化，对配套产品的需要以及所处的环境的变化等。

（二）搜集信息

研究表明，顾客在做出购买决策之前主要收集以下一些信息：产品或服务的内容、产品或服务价格产或服务市场状况，购买时机，购买方式，购买地点等。一般来说，顾客通常有四个方面的信息来源。

▶ 1. 经验或阅历来源

经验或阅历来源即从产品或服务的操作、使用或体验中得到经验、教训或阅历，这类信息来源比较直接，真实可靠，是顾客做出购买决策的直接支撑点。

▶ 2. 个人来源

个人来源即从家庭成员、亲朋好友、熟人等途径得到信息，这类信息源影响较大，由于来自于第三方，因此具有评价作用。

▶ 3. 商业信息来源

商业信息来源即从公司广告、宣传中间商、销售人员、展示会、商品陈列等途径得到信息，这类信息比较广泛，信息量充足，一般起到通知、提醒、强化品牌印象等作用。

▶ 4. 大众来源

大众来源即从大众传播媒介如电视、电台、报纸杂志等途径得到的信息，这类信息源大多具有导向以及树立品牌形象等作用。

各种来源的信息，对消费者的购买行为产生的影响不同。广告宣传、报纸、杂志等，传播面广，但可信度低，消费者心存疑虑。亲朋好友口头传播或已购买的效果信息影响最大，但营业员较难把握和控制。经验来源的信息，对消费者购买行为的影响较稳定。因此把握消费者的信息来源，对营销人员制订相关销售策略有相当大的帮助。

（三）选择评价

调查表明，选择评价这个环节是顾客购买决策过程的重要环节。因此，作为销售人员要非常清楚，一个潜在的顾客对产品或服务会从哪些方面来进行评价选择。通常情况下，顾客的评价可能涉及如下一些指标：产品属性，即产品能够满足顾客需要的特性；属性权重，即顾客对产品有关属性所赋予的不同的重要性权数；品牌信念，即顾客对某种品牌优劣程度的综合性看法；效用函数，即描述顾客所期望的产品满足感随产品属性的不同而有所变化的函数关系；评价模型，即顾客对不同品牌进行评价和选择的程序或方法等。

（四）购买决策

消费者通过对可供选择的商品进行评价，并做出选择后，就形成购买意向，这种意向趋于购买行为。消费者购买之前，须做出购买决策。购买决策是许多项目的总选择，购买方案包括品牌决策、买主决策、数量决策、时间决策、付款方式决策和购买者决策等几方面的决策内容。

消费者对商品信息进行比较和评选后，已形成购买意向，但购买意向并不一定导致实际的购买行为，可能会受到以下因素的影响而改变购买决定。

▶ 1. 他人的态度

根据消费者的个性和购买商品的特点不同，消费者有可能再进行一次外部探索过程，以征求其他人的意见和试探其他人对自己购买行为的态度。反对态度越强烈，或持反对态度者与购买者关系越密切，修改购买意图的可能性就越大。

▶ 2. 意外的情况

消费者修改、推迟或取消某个购买决定，往往是受已察觉风险的影响。"察觉风险"的大小由购买金额大小、产品性能优劣程度以及购买者自信心强弱决定。如果发生了意外情况，如失业、意外急需、涨价等，则很有可能改变购买意图。

▶ 3. 产品因素

一般讲，大件耐用消费品的购买方案不会轻易改变，而日用品的购买方案改变的可能性较大。例如，家庭主妇在购买牙膏时完全有可能因价格等原因，改变购买的品牌或数量。

通过以上分析，我们了解到购买决定和实际购买不是一回事。企业营销人员需要不断地为方便消费者购买创造条件，坚定其购买决心，帮助他们顺利完成购买活动。

（五）购后行为

购后行为是消费者购买决策过程的最后一个阶段。在该阶段，消费者根据他们是否满意在购买产品之后采取进一步的行动。它包括一些在产品使用后可能产生的心理活动以及消费者发生在购买以后的典型行为。

▶ 1. 购后满足

假如商品在实际的消费中达到预期效果则感到满足，购买后的感觉良好，也会肯定自己的购买行为，反之则会否定购买行为。消费者购后的满意程度取决于消费者对产品的预期性能与产品使用中的实际性能之间的对比。因此营销者的产品宣传要真实地表达产品的实际功效，要避免虚假宣传。

▶ 2. 购后行动

顾客对产品是否满意将影响顾客以后的行动。如果该顾客感到满足，则他将显示出较大的再购买的可能性，这样就有利于培养顾客的商品忠诚感。满足的顾客也会向其他人宣传该产品和该公司的好处。用营销人员的话来说，就是"满足的顾客是我们最好的广告"。

▶ 3. 购后作用及处置

市场营销者在处理购买者的购后行为时还需注意，购买者如何使用及处置该产品。

▶ 4. 购买后评价

在产品使用之后，消费者在评价购买效益时仍是围绕着产品和厂商、商店进行的。购后评价的态度不同，对日后消费决策的影响也不同。满意评价强化了消费者信念和购买意图，不满意评价对未来消费决策的影响比较复杂，甚至可能导致重新识别消费需求。

▶ 5. 购买后抱怨行为

除非消费者确信已购商品的确是最佳选择，或者认为抱怨也无济于事，否则，他就会采取某种形式的抱怨行为。从形式上看，抱怨行为可分为私下的和公开的抱怨行为。私下的抱怨行为包括转换牌号和商店，购买替代商品或劝周围的人不要购买该牌号商品；公开的抱怨行为则向厂家商店要求退货、换货、赔偿损失，或者向政府机构、消费者协会甚至各级法院申诉。消费者经常采取的是私下的抱怨行为。

 案 例

小王购买空调

小王大学毕业后来到广州工作，不久便建立了小家庭。夫妻俩，一个在研究所工作，一个在机关就职。由于天气炎热，便打算买一台空调。但他俩对空调不了解，只好到处打听行情，还跑了好几家商店，掌握了大量的相关信息，并对各种信息进行分析、比较、综合和归纳。最后决定买一台海尔单制冷空调。

因为小王是青岛人，远离家乡和亲人，对家乡的人和物有特殊的感情。确定了购买海尔空调后，他们立即行动起来，先去离家较近的几家商店了解销售服务情况，最后选中了海尔专卖店，高高兴兴地买了一台海尔空调。

小王购买空调经历了哪些过程？

五、消费者购买行为

(一) 消费者购买行为的概念

消费者购买行为是指人们为了满足这个人、家庭的生活需要或者企业为了满足生产的需要，购买爱好的产品或服务时所表现出来的各种行为，而发生的购买商品的决策过程。消费者购买行为是复杂的，其购买行为的产生是受到其内在因素和外在因素的相互促进交互影响的。企业营销通过对消费者购买的研究，来掌握其购买行为的规律，从而制订有效的市场营销策略，实现企业营销目标。消费者购买行为具有动态性、互动性、多样性、易变性、冲动性、交易性等特点。严格地说，顾客购买行为由一系列环节组成，即顾客购买行为来源于系统的购买决策过程，并受到内外多种因素的影响。

(二) 消费者购买的基本特征

企业要在市场竞争中能够适应市场、驾驭市场必须掌握消费者购买的基本特征。

▶ 1. 购买者多而分散

消费购买涉及每一个人和每个家庭，购买者多而分散。为此，消费者市场是一个人数众多、幅员广阔的市场。由于消费者所处的地理位置各不相同，闲暇时间不一致，造成购买地点和购买时间的分散性。

▶ 2. 购买量少，多次购买

消费者购买是以个人和家庭为购买和消费单位的，由于受到消费人数、需要量、购买力、储藏地点、商品保质期等诸多因素的影响，消费者为了保证自身的消费需要，往往购买批量小、批次多，购买频繁。

▶ 3. 购买的差异性大

消费者购买因受年龄、性别、职业、收入、文化程度、民族、宗教等影响，其需求有很大的差异性，对商品的要求也各不相同，而且随着社会经济的发展，消费者消费习惯、消费观念、消费心理不断发生变化，从而导致消费者购买差异性大。

▶ 4. 大多属于非专家购买

绝大多数消费者在购买时缺乏相应的专业知识、价格知识和市场知识，尤其是对某些技术性较强、操作比较复杂的商品，更显得知识缺乏。在多数情况下消费者购买时往往受感情的影响较大。因此，消费者很容易受广告宣传、商品包装、装潢以及其他促销方式的影响，产生购买冲动。

▶ 5. 购买的流动性大

消费者购买必然慎重选择，加之在市场经济比较发达的今天，人口在地区间的流动性较大，因而导致消费购买的流动性很大，消费者购买经常在不同产品、不同地区及不同企业之间流动。

▶ 6. 购买的周期性

有些商品消费者需要常年购买、均衡消费，如食品、副食品、牛奶、蔬菜等生活必需商品；有些商品消费者需要季节购买或节日购买，如一些时令服装、节日消费品；有些商品消费者需要等商品的使用价值基本消费完毕才重新购买，如电话机与家用电器。这就表现出消费者购买有一定的周期性可循。

▶ 7. 购买的时代特征

消费者购买常常受到时代精神、社会风俗习俗的导向，从而使人们对消费购买产生一些新的需要。如 APEC 会议以后，唐装成为时代的风尚，随之流行起来；又如社会对知识的重视，对人才的需求量增加，从而使人们对书籍、文化用品的需要明显增加。这些显示出消费购买的时代特征。

▶ 8. 购买的发展性

随着社会的发展和人民消费水平、生活质量的提高，消费需求也在不断向前推进。过去只要能买到商品就行了，现在追求名牌；过去不敢问津的高档商品如汽车等，现在有人消费了；过去自己承担的劳务现在由劳务从业人员承担了等。这种新的需要不断产生，而且是永无止境的，使消费者购买具有发展性特点。

认清消费者购买的特点意义是十分重大，它有助于企业根据消费者购买特征来制订营销策略，规划企业经营活动，为市场提供使消费者满意的商品或劳务，更好地开展市场营销活动。

（三）消费者购买行为变化

▶ 1. 价值观的变化

人们购买商品的目的，并不单纯在于商品使用上的功能与价值，这一点在年青一代身上特别明显。在使用价值之上，重视附加心理价值的商品不断增加，使人心灵丰富的、变美的、变快乐的、变新的、变珍贵的商品往往受青睐。衣物是典型的例子，现在选择的标准并非只是保暖、耐久，而是更重视其颜色、设计式样、流行性等条件。除了衣物，即使是手表，也在正确耐久性之外，强调新潮与时髦性。

▶ 2. 品牌忠诚度

制造商在制成品上加上品牌，良好的品质、强势广告等都会使消费者持续性地购买商品。如果能让消费者接受的商品与销售渠道相结合，就可能确保品牌忠诚度。

但是，各品牌间的差异愈来愈小，新商品不断上市，消费者除了在品牌上寻求品质与功能的保障，并追求心理与情绪上的满足，因此，持续性购买某些品牌的人也有减少的倾向。

▶ 3. 从众意识与个性化

因为别人有、别人使用很快乐，自己也想跟着消费，即所谓从众心理。大众传播的普及使多数人受到相同的刺激，身旁的人都买了，而自己还没买显得很不自在。一旦收入增加，也希望能模仿原来不可能的上层消费，与一般人一致就觉得比较安心，这种心态对平常的生活影响更远。为此买家电制品及家具，从事同样休闲活动的人愈来愈多。

同时由于价值观的改变，每个人也有不同的消费特性，从而形成消费现象的多样化与个性化。但是，即使是个性化，能完全过独自消费生活的人毕竟很少，大多数人仍是在类似的商品中选择仅有少许差异的商品，而标新立异的行为仍在少数。

（四）消费者购买行为类型

▶ 1. 复杂的购买行为

复杂的购买行为指消费者购买决策过程完整，要经历大量的信息收集、全面的产品评估、慎重的购买决策和认真的购后评价等各个阶段。

产生的条件：消费者属于高度参与，并且了解现有各品牌、品种和规格之间具有显著的差异，则消费者会产生复杂的购买行为。

相应的营销策略：营销者应制订策略帮助购买者掌握产品知识，运用各种途径宣传本品牌的优点，影响最终购买决定，简化购买决策过程。

▶ 2. 减少失调感的购买行为

减少失调感的购买行为指消费者并不广泛收集产品信息，并不精心挑选品牌，购买决策过程迅速而简单，但是购买以后会认为自己所买产品具有某些缺陷或其他同类产品有更多的优点，进而产生失调感，怀疑原先购买决策的正确性。

产生的条件：消费者属于高度参与，但是并不认为个品牌之间有显著差异，则会产生减少失调感的购买行为。

相应的营销策略：营销者要提供完善的售后服务，通过各种途径经常提供有利于本企业和产品的信息，使顾客相信自己的购买决策是正确的。

▶ 3. 寻求多样化的购买行为

寻求多样化的购买行为指消费者购买产品有很大的随意性，并不深入收集信息和评估比较就决定购买某一品牌，在消费时才加以评估，但是在下次购买时又转换其他品牌。

产生的条件：消费者属于低参与，并了解现有品牌和品种之间具有的显著差异，则会产生寻求多样化的购买行为。

相应的营销策略：对于寻求多样化的购买行为，市场领导者和挑战者的营销策略是不同的。市场领导者力图通过占有货架、避免脱销和提醒购买的广告来鼓励消费者形成习惯性购买。而挑战者则以较低的价格、折扣、赠券、免费赠送样品和强调实用新品牌的广告来鼓励消费者改变原习惯性购买行为。

▶ 4. 习惯性的购买行为

习惯性的购买行为指消费者并未深入收集信息和评估品牌，只是习惯于购买自己熟悉的品牌，在购买后可能评价也可能不评价产品。

产生的条件：消费者参与并认为各品牌之间没有什么显著差异，就会产生习惯性购买行为。

相应的营销策略如下。

（1）利用价格与销售促进吸引消费者使用。

（2）开展大量重复性广告，加深消费者印象。

（3）增加购买参与程度和品牌差异。

任务实施

步骤1：组建小分队，以小分队为单位，按照每个项目的任务要求，通过分工协作，独立制订计划并实施计划，完成项目任务。每个小分队6～8人，可自由结组，优势互补；小组内保证必须男女皆有；每个小组在完成任务过程中，小组成员不变；小组成员在不同的任务中要承担不同的角色，进行角色轮换。

步骤2：以小组为单位学习，制订项目实施计划，小组成员协作分工完成任务。

要求：根据消费者购买决策过程，为××品牌油烟机清新剂做出有效的营销方案。

步骤3：每组派代表就任务完成情况汇报。

步骤4：教师、企业专家、学生代表三方组成的成绩评定团进行评价。

任务评价

参照表4-3，对学生任务完成情况进行评价。

表4-3 任务评价表

考评项目	考评点	分值	评分	评分人签名
方案内容	方案内容的实用性	20		
	方案格式的完整性	20		
	方案制订的全面性	10		
	方案内容的创新性	10		
语言	语言规范，对方案掌控良好	5		
	语言清楚简练，生动通俗	5		
	应答有礼有节	5		
	时间把握恰当	5		
课件设计	课件制作新颖	10		
	课件使用效果好	10		
合计		100		

知 识 技 能 测 试

一、单项选择题

1. 关于需要，下列说法正确的是（　　）。

A. 是主体对某种目标的渴求和欲望　　B. 有些需要是与生俱来的

C. 是个体消费行为的直接原因　　D. 有些需要是后天形成的

2. 消费者感到某种缺乏而力求获得满足的心理倾向是指（　　）。

A. 消费者的需要　　B. 消费者的动机　　C. 消费者的认知　　D. 消费者的注意

3. 人对于理想的追求属于人的需要层次的（　　）层次。

A. 生理需要　　　　B. 安全需要　　　　C. 社交需要

D. 尊重需要　　　　E. 自我实现需要

4. 引起并维持消费者从事消费活动，以满足自身需要的心理倾向或动力是（　　）。

A. 消费者的需要　　B. 消费者的动机　　C. 消费者的认知　　D. 消费者的注意

5. 消费者在选择商品时，以价格为首要考虑因素，对降价、折价等促销活动有较大的兴趣，而对商品的质量、花色、款式、包装和品牌并不十分挑剔，这类消费者的购买动机属于（　　）。

A. 求实动机　　　　B. 求廉动机　　　　C. 求便利动机　　　　D. 求美动机

6. 下列哪一项不属于证明性激发的方式（　　）。

A. 实证激发　　　　B. 建议性激发　　　C. 证据激发　　　　D. 论证激发

7. 销售人员利用电视机载现场播放，以证明其色彩、音质和收看效果，这种激发方式属于（　　）。

A. 实证激发　　　　B. 建议激发　　　　C. 证据激发　　　　D. 论证激发

8. 消费者购买决策类型中最复杂的一种类型（　　）。

A. 惯常决策　　　　B. 广泛决策　　　　C. 有限决策　　　　D. 购买者决策

9. 一种以表示信任为主要特征的购买动机是（　　）。

A. 惠顾性购买动机　　　　　　　　B. 求美性购买动机

C. 求名购买动机　　　　　　　　　D. 求廉购买动机

10. 下列属于消费者需要的特征的是（　　）。

A. 多样性　　　　　B. 发展性　　　　　C. 周期性　　　　　D. 可激发性

二、多项选择题

1. 按对象划分，可以把消费者需要分为（　　）。

A. 自然性需要　　　　　　　　　　B. 物质需要

C. 精神需要　　　　　　　　　　　D. 社会性需要

2. 下列属于消费者需要的特征的是（　　）。

A. 多样性　　　　　B. 发展性　　　　　C. 周期性　　　　　D. 可激发性

3. 从消费者动机冲突的表现形式角度分析，动机冲突可以表现为（　　）。

A. 双趋冲突　　　　B. 双避冲突　　　　C. 趋避冲突　　　　D. 买与不买冲突

4. 马斯洛需要层次论把人的需要分为五个层次，由低到高依次是（　　）。

A. 社交需要　　　　B. 生理需要　　　　C. 安全需要

D. 尊重的需要　　　E. 自我实现的需要

5. 消费者购买决策过程的顺序应该是（　　）。

A. 认识需要　　　　B. 分析评价　　　　C. 搜集信息

D. 购后行为　　　　E. 决定购买

三、简答题

1. 什么是消费者需要？其基本特点包括哪些？

2. 马斯洛需要层次论把人的需要分为五个层次，由低到高依次是什么？并举例说明生活中满足这种需要的商品？

3. 什么是购买动机？它是如何形成的？

4. 常见的消费者购买动机有哪几种？

5. 如何运用激发方式强化消费者的购买动机？

6. 简述消费者购买动机的冲突。

7. 简述马斯洛需要层次理论的主体内容，谈谈你对该理论的理解。

8. 影响消费者购买决策的因素有哪些？

9. 消费者购买产品的决策类型并不是一成不变的，为什么？从自身的经验中举出例子来支持你的答案。

10. 消费者购买决策过程包括哪几个阶段？

四、案例分析题

茶饮料为什么就不能卖去火的概念

一份关于茶饮料的调研报告发现，目前消费者选择茶饮料的诉求正在悄然发生着变化。

首先，当前的消费者最喜欢喝的茶饮料还是绿茶和红茶，而奶茶受欢迎程度正在逐渐上升，已进入前三甲，往后是花茶和乌龙茶，其他茶饮料品类提名比率很低。绿茶饮料之所以排名第一位，主要是因为有很大一部分消费者认为绿茶不仅能快速解渴，而且具有明显的去火作用。

其次，消费者购买茶饮料的主要原因已不再是基于中国传统文化的习惯性消费，首要考虑的因素是健康。喝茶饮料的目的是为了解渴和去火。消费者普遍认为茶饮料有着清新淡爽，不易上火的特点，有近70％的受访者认为茶饮料有去火的作用，特别是绿茶和花茶。消费者认为与王老吉、和其正等凉茶的不同是，茶饮料能健康去火；而王老吉、和其正凉茶类功能性饮料的主要原料是中草药，是中药去火，有些消费者担心喝多了会对身体有害。

而目前多数品牌的茶饮料未突出去火的产品诉求，这对于茶饮料企业未来发展是一个难得的市场机会。如果茶饮料企业大胆诉求健康去火的新主张，就有可能快速做大市场、做强品牌。

请大家结合上述案例回答下列问题。

1. 消费者都是基于哪些需要购买茶饮料的？目前最突出的需要是什么？

2. 如果你是一家茶饮料企业的营销工作人员，你将如何唤醒当前消费者购买茶饮料的需要？

五、实训题

假设你是某家旅行社的业务员，根据马斯洛需要的层次理论，你怎样劝说人们外出旅游可以满足人们的各个层次的需要。

运用消费心理实施营销策略

>>> 开篇案例

这家餐馆卖的是什么？

"香积厨"餐馆生意火爆，食客如云，往来不绝。它所处的小区内有上千家大大小小的公司，又紧邻电视台和一家报社。餐馆的顾客绝大多数来自这些公司与媒体内的年轻员工，他们多属新新人类一族，身上没有传统的影子，文化品位较高，喜欢个性化，其中不少人从事网页制作与广告设计，收入颇丰，不会为埋单蹙眉。

这家餐馆的招牌十分抢眼："香积厨"三个字红底黑字，秀雅稳重，名称不响，但明白无误地告诉来往行人，这是个吃饭的地方。旁边还有三面杏黄商幡迎风招展，上写"大块吃肉、大碗喝酒、大摇大摆"，使人一看顿觉上了梁山，掷一锭银子在桌上，喊一声"店家！好酒好肉只管上来"。一下就来了胃口，上了豪气。

大堂约有400平方米，窗框、窗襟、护墙都是木质。白土布窗帘上面抄写的是《水浒传》、《红楼梦》里的段子，当然都与酒肉有关，墙上有李白的《将进酒》，还有一些本市有名的、不那么有名的文人题写的诗句，内容都是劝人吃好喝足，享受人生。头顶的灯罩是一个个红线吊起来的竹篓，稀稀疏疏的，形同虚设，要的就是那股漫不经心的味道。餐桌上是纯棉制作的素色格子布，朴素干净。碗、碟、杯子都是粗制陶器，酱色，像文物，有韵味。

服务生的服装也是统一的黑色，女的是对襟短袖，腰胚妥帖；男的是无领大襟子松松垮垮的有几分像和尚，然而，头上又是黑发生猛，很有意思。

菜的种类丰富，分头菜、案酒冷碟、蔬菜果品、各种肉食、水族海鲜、汤水点心粥饭、酒浆茶饮七个部分，一样不缺。食客就着满墙满壁的古诗古义，边喝边吃，论古道今者有之，吟诗念赋者有之，热热闹闹，一派繁荣景象，与同一条街上好几家冷冷清清的场面形成鲜明的对照。

资料来源：刘子安．现代营销学[M]．北京：中国对外经济贸易出版社，2012.

工作任务一　运用消费心理实施产品策略

任务目标

知识目标：

1. 了解消费者对新产品的心理要求。

2. 理解新产品开发的心理策略。

3. 把握品牌和包装的心理策略。

能力目标：

1. 能够根据消费者心理进行新产品创意。

2. 能够根据消费者心理进行产品的品牌、包装设计。

情感目标：

1. 培养学生分析问题解决问题的能力。

2. 培养学生团队合作意识。

任务分析

通过完成此任务的学习，根据消费者对新产品的心理要求，掌握新产品设计、品牌、包装的心理策略。

任务知识

一、新产品心理策略

（一）消费者对新产品的心理要求

▶ 1. 新产品

所谓新产品是指在结构、功能或形态上发生改变，并推向了市场的产品，可以从企业、市场和技术三个角度对新产品的概念进行界定。对企业而言，第一次生产销售的产品都可以称新产品；对市场来讲则不然，只有第一次出现的产品才能称新产品；从技术方面看，在产品的原理、结构、功能和形式上发生了改变的产品称新产品。

按照构造原理和改进程度不同，新产品通常可以分为以下四种类型。

1）全新产品

指应用新的技术、新工艺、新的材料研发和生产出的具有全新功能的产品。如蒸汽机、电灯、电话、收音机、飞机、电视机、电子计算机等的研制成功并首次投入使用时都是全新产品。这类新产品的问世和推广，通常对消费者的消费观念、消费心理和消费方式等方面产生重大的影响。

2）换代新产品

指在原有产品的基础上，部分采用新技术、新材料、新工艺研制出来的新产品。换代产品的出现，标志着产品的性能有了重大突破，使人有"今非昔比"之感，如黑白电视机发展到彩色电视机，晶体管为主要原件发展到液晶显示屏，都是换代新产品。

这一类新产品一般不会对消费者的消费观念和消费方式产生重大影响，但由于其提高了产品的实际效用，所以会给消费者带来新了利益和心理上的满足感，对消费心理影响较大。

3）改进新产品

指对老产品的品质、特点、花色、款式以及包装做出改进和更新的新产品，如电风扇配置遥控开关、服装款式发生变化、香烟加上过滤嘴等。改进产品受技术限制较小，且成本相对较低，便于市场推广和消费者接受。由于这类产品的基本用途不变，对消费者的消费观念、消费习惯和消费心理都不会产生重大的影响。

4）仿制新产品

指对市场上已经出现的产品进行引进或模仿，只是对原有产品的某些缺陷和不足加以改造，突出产品的某一特点就可以使其成为新产品。如君乐宝红枣牛奶作为改进新产品问世后，市场上出现很多品牌的红枣牛奶，这就是仿制新产品。

▶ 2. 消费者对新产品的心理要求

消费者对新产品的心理要求主要表现在以下五个方面。

1）操作方便

操作方便是指消费者在使用过程中便于操作、使用、搬运保养和维修。例如，洗衣机从半自动发展到全自动、电视机从按钮开关发展为遥控器，操作方便是消费者购买产品的很大因素。

2）使用舒适

使用舒适心理要求新产品的设计要体现"以人为本"，产品在使用过程中符合人体的生理结构和使用要求，减轻人体的劳动强度，同时增加心理上的愉悦感。例如，家具的设计要符合消费者的使用习惯。

3）突出个性

突出个性心理反映消费者希望通过具有独特个性的新产品来满足个体的个性心理需要。例如，欧式家具以豪华大气的设计凸显主人的高贵和地位。

4）追求时尚

追求时尚心理是指消费者希望使用时尚流行产品，以满足消费者求变、求异的心理需求。因此企业在新产品的开发和设计时应赋予产品更多的流行因素，以满足消费者追求时尚的心理要求。

5）审美情趣

爱美之心，人皆有之。随着社会生产的不断发展和人们精神生活的日益丰富，消费者对于产品美的要求也越来越高、越来越多样化。因此，在产品的销售过程中消费者能否对其产生美感，对交易的顺利完成有着重要的心理意义。

（二）新产品开发心理策略

▶ 1. 适应消费变化

适应消费变化是指适应消费者的消费习惯、消费方式和消费心理等的变动。近年来，我国市场消费需求有了较大的变化：消费习惯出现了多层次，个性化消费趋势明显；随着消费质量的提高，消费心理更加理智、成熟；消费观念趋向文明、健康和审美。因此，企业要分析消费者的消费变化，开发满足消费者新需求的产品。

▶ 2. 结构设计要合理

新产品的结构设计要注重舒适、安全、方便和协调。舒适是指适合生理结构与使用要求；安全是指对身体有益无害，如家电就要体现安全性；方便是指搬运、保养、维修和操作的便利性；协调是指和配套的环境感觉一致，如家具应当与室内装修在色彩与风格上保持一致。企业运用这种策略时，要科学地研究产品的使用环境和人体的力学结构特征，结合两者进行综合构思，使产品在使用时操作安全、运用便当、强度适宜和减少疲劳，避免因产品不安全而引起消费者的恐惧心理，或因结构不合理导致人的肌体负荷过重，从而使人产生厌烦和紧张心理。

▶ **3. 讲究艺术美观**

新产品的开发除了满足功能价值，还要具有观赏价值。企业开发新产品时要考虑满足消费者的审美要求，既要突出产品特征，又要整体协调一致；既要推陈出新、新颖独特，又要求美观大方、布局和谐，使产品的造型具有观赏功能，给人以形式美的心理享受。这种策略要求企业根据新产品采用者的特点来设计产品。例如，儿童用品应当造型活泼、色彩鲜艳；女性用品应该造型纤巧、色调雅致；男性用品应该造型粗犷、色调大方等。另外，由于消费者的审美情趣和审美标准因人、因地、因时而异，所以在产品美感设计上应注意具体情况具体对待，以达到内容与形式的统一、使用价值与观赏价值的统一。

▶ **4. 突出个性特征**

消费者生活在一定的社会群体中，每个群体都有大致相似的消费方式和习惯，以区别于其他群体。企业在设计与群体有关的产品时，应考虑该群体对象的特定心理习惯和共同标志。例如，对于笔记本电脑，商务人士要求稳重大气、安全可靠，而大学生则要求时尚、有较高的性价比。总之，发挥产品象征心理功能的作用，是满足消费者个性心理需求的关键，也是决定产品设计好坏和推广成败的关键。

▶ **5. 符合社会潮流**

社会潮流是反映多数人意愿的一种群众性、社会性的趋向，是时代风貌的标志。企业在开发时代产品时，要具有敏锐的观察力以及准确预见未来潮流发展的能力，依照社会道德风尚，结合民族传统习惯，对时代作全面分析，设计出最新、最美、最爱消费者欢迎的时代产品。

二、产品品牌心理策略

(一) 品牌心理功能

▶ **1. 认知功能**

对品牌的认知过程是品牌被消费者了解和接受的过程。品牌的认知过程是品牌发挥作用的心理基础。由于品牌具有鲜明的形象和相对稳定性，因此，它有助于消费者识别产品，加速消费者对产品的认知速度，并便于在同类产品中进行比较。消费者一旦有了使用和购买经验，便会根据品牌进行购买，久而久之，品牌可能和消费者形成一种长期的依存关系。

▶ **2. 宣传功能**

产品进入市场有赖于企业运用各种媒体进行宣传和推广，其中，品牌就是一种极为重要的媒体，而且是花钱的媒体。同时，品牌是企业形象和信誉的表现形式，人们看到某种产品的商标时，就会联想起关于产品的生产者和特色，刺激了消费者的购买欲望。因此，又人把商标称为"微型广告"。

▶ **3. 情感功能**

情感意义来源于消费者的情感需要，由于其具有稳定性和深刻性，往往会对消费者产生深远的影响。当消费者对品牌形成认知后，会进一步对品牌产生感情，形成对品牌的忠诚拥护。

（二）品牌命名的心理要求和心理策略

▶ 1. 品牌命名的心理要求

品牌命名一般要符合消费者的以下心理要求。

1）名实相符

品牌名称要与产品实体特征相适应，消费者通过名称就能迅速了解产品的基本效用和特征。宝洁公司的"飘柔"品牌就很好地说明了这种洗发水的效果。

2）易读易记

品牌如此众多，品牌名称只有易读易记才能有效地发挥其认知和宣传功能，使消费者轻易记住。因此品牌名称设计要力求简短，容易发音，读起来朗朗上口，同时便于记忆。例如，"联想""可口可乐""海尔"均易发音又易记忆，给消费者留下很深的印象。

3）新颖独特

品牌名称应新颖独特，不落俗套。企业要使品牌名称独具特色，让人过目不忘，留下较为深刻的影响。例如，"乐凯"的英文为"Lucky"（幸福、幸运），这个品牌响亮、吉祥、新颖，赢得消费者的喜爱。

4）避免禁忌

由于不同国家、民族和社会文化传统不同，因此，产品的命名应符合当地消费者的风俗习惯、偏好，避免触犯禁忌。特别是一些跨国营销的品牌，品牌的命名一定要符合地方风俗，避免某些隐喻有不妥之处。

▶ 2. 品牌命名的心理策略

品牌的命名方法和策略很多，但不论哪种命名方法和策略，其核心都是使产品的名称符合消费者的心理需求。常见的、具有心理意义的命名方法和策略主要有以下几种。

1）效用命名法

效用命名法是用直接反映产品的主要性能和用途的文字作为产品名称，消费者通过产品的名称能够迅速了解产品的基本效用和主要特征。这种命名方法多用与日用工业品、化妆品和医药品，如药品"999胃泰"。

2）外形命名法

外形命名法使用产品独特的外形作为产品名称，其特点在于能突出产品的优美造型，引起消费者的兴趣和注意，便于消费者辨别或满足消费者审美欲。这种命名方法多用于食品和工艺品的产品。

3）成分命名法

成分命名法突出了产品的主要成分和主要材料，为消费者认识产品的价值提供资料，使产品在消费者心目中产生信任感，从而引起购买欲望，如"田七"牙膏。

4）制作工艺命名法

制作工艺命名法多用于为具有独特制作工艺或纪念意义研制过程的产品命名，其命名能使消费者了解产品不寻常的配制工艺，以提高产品的威望，如"二锅头"。

5）产地命名法

产地命名法是用产品的出产地作为产品名称，主要用于产品具有悠久的历史，尤其是具有很强的地方特色，用产地命名以突出产品的地方风情，如"茅台"酒、"龙井"茶、"金华"火腿等。

6）名人命名法

名人命名法是用历史或现代名人、产品发明者和制造者的名字作为产品名称，借助于消费者对名人的崇拜和对创造者的崇敬心理，将特定人物与特定产品相联系，诱发消费者的名人遐想和购买欲望，如"杜康"酒、"李宁"运动服装等。

7）外来词命名法

外来词命名法多用于进口产品上，将外文直译为中文的谐音作为产品的名称，既克服了翻译的困难，又能够激发消费者的好奇心理，如"Pepsi"译为"百事"，既是谐音，又能使人联想到饮料带来的愉悦舒畅的感觉。

8）美好事物命名法

美好事物命名法是以美好事物或吉祥物作为产品的名称。它迎合了消费者图吉利、盼发财的心理欲求，如"金利来"领带、"旺旺"食品等，使消费者产生美好愿望，激发购买欲望。

（三）品牌标志设计的心理要求和心理策略

品牌设计和品牌命名是品牌标志设计的两个部分。拥有一个好的标志设计，是企业的一笔宝贵的财富和无形资产，它便于品牌的传播和受众的储存与联想，提高产品的声誉和价值，满足消费者的心理需求。因此，许多企业不惜斥巨资征集品牌标志，聘请专业公司进行品牌标志的设计和创意。

▶ 1. 品牌标志设计的心理要求

1）标记性

品牌标志的基本功能在于区别与之同类的产品，其标志是首要的要求，因此，设计时要注意以下几点。

（1）简单醒目。品牌标志设计时首先应遵循简单醒目，清晰可辨，易于识别和记忆的原则。目前，品牌标志的简洁化在国际上已形成一种趋势。例如，美国的"百事"可乐商标在近30年里，就经历了5次由繁到简的变化；"欧米茄"手表的商标，由 Ω 构成的图案，一眼就能认出。

（2）重点突出。品牌标志设计要有主次感，文字、图案、符号生动、错落有致，又避免主题被淹没。

（3）不落俗套。不落俗套就是要别出心裁、构思巧妙。品牌标志设计要具有与众不同的特征，具有新奇大胆的创意，运用出人意料的表现形式。一个设计上独特新颖的标志，会让人过目不忘，留下深刻的印象。

2）适应性

（1）适用于多种场合和各种媒体，便于企业开展宣传、促销等多种活动，使品牌标志在报刊图书、电视网络、橱窗路牌等各种宣传工具上制作起来都不困难，使其在各种场合给人始终如一的概念。

(2) 遵从当地的文化、风俗习惯。品牌标志设计时必须考虑消费者的文化传统和风俗习惯。符合文化传统和风俗习惯，具有民族特色的设计，能为消费者所喜闻乐见；反之，违背文化传统和风俗习惯，以当地消费者禁忌的品牌标志设计形象，容易引起消费者心理上和情感上的抗拒和排斥。

3) 艺术性

品牌标志作为艺术品的一种，应该给人以美感。品牌标志设计要依据美学原理，恰当地运用色彩、造型、图案、文字，讲究形式，使商标不仅简洁清晰，而且给消费者以美的感受。

▶ 2. 品牌标志设计的心理策略

1) 以动物为题材

以稀有动物为题材的标志会使消费者产生珍奇、美好的联想，从而提高产品自身的价值，如"熊猫""小天鹅"等；以凶猛彪悍动物为题材的标志能使消费者联想到产品的效力，如"法拉利"跑车标志上的一匹烈马，象征着速度；以具有某项特征的动物作为标志，能使人想象产品的特征，如"百灵"收音机。如果这些题材选择合理，就会给消费者留下深刻而又美好的印象。

2) 以地方和名胜古迹为题材

这种题材能够直接显示产品的产地和产地的特点，有些以名胜古迹为标志，兼有显示产品知名度的作用。这类题材较多，如"长城"汽车的标志就是我国的长城图案。应该注意的是，必须以众所周知或知名度较高的地方和名胜古迹作为标志，否则就没有效果。

3) 以企业的名称为题材

以企业的名称为品牌标志的题材，可以扩大企业的影响，提高企业的声誉。但是企业的名称必须具有特色，或符合时代特征的意义，或为广大消费者所熟悉。如果企业名称鲜为人知，没有什么特色，是不适合作为品牌标志的。

4) 以词汇为题材

这是企业选取较多的题材，应用比较广泛，如"百度"、"海信"都是以词汇作为题材。它的特点是适用性强，人们可以根据产品的特点，以寓意深刻、音韵动听的词汇作为标志。

三、产品包装心理策略

(一) 产品包装的心理功能

在现代市场营销中，产品的包装已经超越了其最初的一般使用功能，而更多地表现了其心理功能，可以概括为以下几个方面。

▶ 1. 联想功能

好的包装应该使消费者产生有助于表现产品特色的美好联想。例如，"同仁堂"等中国的百年知名品牌，刻意地使用古代的包装形式，使人们联想了"老字号"商店良好的声誉和突出品质。

▶ 2. 识别功能

包装是产品的"脸面"，它首先进入消费者的视野。一个设计精良且独具特色、富有审美情趣的包装能使产品在众多的产品中脱颖而出，给消费者留下深刻的印象。根据杜邦公司的"杜邦定律"，63％的消费者是根据产品的包装装潢的好坏做出购买决策的。在质量、价格大致相同的情况下，独特的包装可以吸引消费者视线和兴趣，进入消费者的选择范围。

▶ 3. 美化功能

包装可以美化产品，提升外观形象。包装的造型、图案、色彩以及整体的综合协调性，能给顾客一种美的享受。精美的包装本身就是一件艺术品，甚至成为顾客的收藏品。成语"买椟还珠"从侧面反映了包装对购买者的吸引力。精美的包装形成顾客对产品的良好印象，从而引发顾客对产品的美好联想，激起高层次的社会性需求。

▶ 4. 增值功能

包装虽然不能直接增加产品的价值，但融合了艺术性、知识性、趣味性和时代性的包装却能赋予产品特殊的象征，树立产品的高贵形象，抬高产品在消费者心目中的身价，是消费者愿意以高出普通包装产品的价格消费，以获得自尊和社交等各种心理需求的满足。

(二) 包装设计的心理要求

▶ 1. 包装对消费者心理的作用过程

1）唤起注意

对消费者给予消费刺激，引起消费者的无意注意，是包装的首要功能。包装作为消费刺激的重要表现形式，所给予消费者的刺激强度是有明显差异的。为了达到唤起消费者对产品注意的目的，就要不断地提高包装的刺激强度。

2）引起兴趣

包装在唤起消费者的注意后，还要引起消费者对产品的兴趣，使消费者从无意注意转化为有意注意。由于消费者的年龄、性别、文化背景、职业和经济状况不同，对包装方式和风格的兴趣也会有所不同。这就要求企业在设计包装之前，须研究消费者的消费偏好，使包装与产品的风格一致，同时也符合消费者的心理要求。

3）启发欲望

启发欲望实际上就是刺激消费者的需要，使之产生购买动机。消费者产生购买动机后，行动的最终实现还要取决于对刺激物的感受。包装由于能够很好地展示产品的各种特征，因此，也就成了赢得潜在消费者好感的最佳手段。

4）导致购买

包装的最终目的是导致购买行为的发生。独出心裁的包装往往会让消费者恋恋不舍，促使其产生试用的想法。一旦消费者完成了以上心理活动，就有可能导致购买行为。

▶ 2. 包装设计的心理要求

1）直观

产品的包装要能直接或间接地反映产品的特性、突出地显露产品的形象，以满足消费者的求实心理，如透明的包装、开窗式包装或印有产品形象照片的包装等。

2）方便

消费者在购买产品时，希望产品包装能够便于携带、保管产品和传递信息，这是消费者求便心理的反映。例如，罐头食品采用拉环式开启包装，婴儿奶粉和儿童食品等采用一次量小包装，香水采用喷雾式包装并在包装上印刷使用说明等，都是考虑了消费使用方便的心理需要。有了方便性，消费者会感到包装是特意为其设计的，容易产生重复购买的行为。

3）安全

包装设计要考虑消费者购买产品后携带、搬运、开启、使用和储存等方面的安全，使消费者在购买产品时能有安全感、信任感，即"买得放心，用得可靠"。因此，在包装设计上，企业应对消费者担心的问题加以注明。例如，药品包装上要注明有无副作用，饮料和食品包装上要注明使用期限或保质期等，以消除消费者的怀疑和恐惧心理，增强购买信心。

(三) 包装设计的心理策略

▶ 1. 求便心理的包装

求便是消费者的基本要求。包装中满足这一心理的设计很多，这也是一种发展趋势。例如，透明或开窗式包装的食品可以方便挑选，组合式包装的礼品篮可以方便使用，软包装饮料方便携带，等等。包装的方便易用增添了产品的吸引力。

▶ 2. 求实心理的包装

包装的设计必须能够满足消费者的核心利益，不同消费者的核心利益是不同的。有些群体(如中老年人)讲求质朴、实在，包装设计应当注意成本低廉、构造简单，如利用塑料薄膜袋、纸袋包装等。此外，对于一般日用品，消费者主要是追求其使用价值，这类产品也适合简便包装。

▶ 3. 求新心理的包装

对于一些科技含量较高的产品来说，包装的选择、工艺、款式和装潢设计都应该体现出技术的先进性。例如，采用凹凸工艺制作的立体式包装、无菌包装和防盗包装等，通过新颖独特的包装来反映科学技术的最新成果，凸显产品的优越性能。

▶ 4. 求信心理的包装

对于有些产品来说，包装要消除购买者对产品质量的疑虑心理或对假冒伪劣的担心。对此，商家要在这些产品上突出厂名、商标和投诉电话，也可以在包装上设计出一些独特防伪标志，以便于辨别真伪或质量优劣。例如，美国百威公司的"银冰"啤酒的包装上有一个企鹅和厂牌图案组成的品质标志，只有当啤酒冷藏温度最适宜的时候，活泼的小企鹅才会显示出来，便于消费者辨别真假。

▶ 5. 求美心理的包装

求美包装也是一种包装趋势，凡是较高档的产品都会在包装设计上加入美的元素。大凡世界名酒，其包装都十分考究。

▶ 6. 求异心理的包装

年轻人喜欢求异、求奇、求新和与众不同，极力寻找机会表现自我。以这类消费群体为目标市场的产品包装可以大胆采用禁忌用色和图案，在造型上突破传统，在标识语中大肆宣扬"新一代的选择"，以求引导潮流，创造时尚。

任务实施

步骤 1：组建学习团队，以学习团队为单位，按照每个项目的任务要求，通过分工协作，独立制订计划并实施计划，完成项目任务。每个小分队 6～8 人，可自由结组，优势互补；小组内保证必须男女皆有；每个小组在完成任务过程中，小组成员不变；小组成员在不同的任务中要承担不同的角色，进行角色轮换。

步骤 2：以小组为单位学习，探讨新产品设计的心理策略、品牌心理策略和包装心理策略。

步骤 3：每个学习团队运用头脑风暴法，设计一种新产品，并制作 PPT 进行汇报。

要求：包括产品描述、目标顾客、产品命名、产品品牌设计，并分析其命名和品牌设计满足了消费者的哪些心理需求。

步骤 4：小组派代表上台汇报"××产品设计"。

步骤 5：教师、企业专家、学生代表三方组成的成绩评定团进行评价。

任务评价

参照表 5-1，对学生任务完成情况进行评价。

表 5-1 "××产品设计"任务评价表

评价内容		评价标准	分值	得分
汇报	演示与讲解	参考资料充分	10	
		分析思路清晰	10	
		团队分工明确	10	
		任务完成优秀	10	
		语言表达生动	10	
	问题与解答	能够清晰、准确地回答提问者的问题	10	
内容	设计与思路	目标顾客清晰	10	
		产品创意新颖	10	
		产品命名合理	10	
		心理分析合理、透彻	10	
合计			100	

工作任务二 运用消费心理实施价格策略

任务目标

知识目标:

1. 了解产品价格的心理功能。

2. 理解主观价格的心理成因。

3. 掌握定价的心理方法。

4. 掌握调价的心理策略。

能力目标:

能够运用消费心理的相关知识制订价格心理策略。

情感目标:

1. 培养学生发现问题、分析问题、解决问题的能力。

2. 培养学生团队合作意识。

任务分析

通过完成本任务,了解营销组合策略,能够运用消费者心理特征制订产品价格、渠道、促销策略,能够依照消费者心理,运用相应从的心理策略,引导消费者的行为。

任务知识

对于企业来讲,成功进行商品的定价,不仅要考虑到商品的生产成本、商品的市场供求状况、产品生命周期等诸多因素,还要考虑到消费者的价格心理。商品的价格是否被消费者从心理上所接受是消费者是否愿意接受商品的出发点。如果与消费者的价格心理相悖,再好的产品也难以被消费者所接受。

一、消费者的价格心理

经济学理论认为,价格是商品价值的货币表现,是商品与货币交换比例的指数。消费者行为学认为,价格是指建立在消费者心理基础之上的各种商品价值的货币表现形式。

所以,研究商品的定价,一定要先研究消费者的价格心理。消费者价格心理是指消费者对商品价格的心理反应,主要表现在以下几个方面。

(1)在消费者的心理认知上,价格是衡量商品价值和品质的直接标准。在消费者对商品质量知之甚少的情况下,多数消费者主要通过价格判断产品质量。即价格越高代表着产品的质量越好;价格越低代表着产品的质量越差。常言道:"一分价钱一分货","好货不便宜,便宜没好货"。这种心理认知与成本定价方法以及价格构成理论相一致。所以便宜的价格不一定能促进消费者购买,相反可能会使人们产生对商品质量、性能的怀疑。

(2)在消费者的心理认知上,价格是消费者社会地位和经济收入的象征。人们往往把某些高档商品同一定的社会地位、经济收入、文化修养等联系在一起，认为购买高价格的商品，可以显示自己优越的社会地位、丰厚的经济收入和高雅的文化修养，可以博得别人的尊敬。许多消费者热衷于名牌产品，对地摊货不屑一顾，就是因为他们认为名牌适合自己的社会地位，并以此获得心理上的满足。

越贵越畅销的绿宝石

美国亚利桑那一家珠宝店采购到一批漂亮的绿宝石。此次采购数量很大，老板很怕短期内销不出去，影响资金周转，便决定按通常惯用的方法，减价销售，以达到薄利多销的目的。但事与愿违，原以为会一抢而光的商品，好几天过去，购买者却寥寥无几。老板谜团重重，是不是价格定得还高，应再降低一些？

就在这时，外地有一笔生意急需老板前去洽谈，已来不及仔细研究那批货降价多少，老板临行前只好匆匆地写了一张纸条留给店员："我走后绿宝石如仍销售不畅，可按 1/2 的价格卖掉。"由于着急，关键的字体 1/2 没有写清楚，店员将其读成"1～2 倍的价格"。

店员们将绿宝石的价格先提高一倍，没想到购买者越来越多；又将价格提高一倍，结果大出所料，宝石在几天之内便被一抢而空。老板从外地回来，见宝石销售一空，一问价格，不由得大吃一惊，当知道原委后，店员、老板同时开怀大笑，这可真是歪打正着了。

二、消费者的价格心理特征

消费者的价格心理有以下特征。

(一) 习惯性

反复的购买活动会使消费者对某种商品的价格形成大致的概念，这种价格叫习惯价格。习惯性价格是由于消费者长期、多次购买这些产品，对这些产品价格的反复感知而逐步形成的。高于习惯性价格上限，则认为太贵；低于习惯性价格下限，就会对产品的质量产生怀疑。习惯性价格支配着消费者的购买行为，成为衡量商品的一个心理尺度。

(二) 敏感性

敏感性是指消费者对于价格变动的敏感程度。一般来说，消费者对其日常生活密切相关需要经常购买的产品，如日用品价格的变动很敏感，而对于对购买次数少或高档消费品价格变动则比较迟钝。

(三) 感受性

感受性是指由于外界的刺激因素给消费者的感受性，影响消费者在心理上对商品价值的判断。这些刺激因素包括商品的品牌、包装、营销环境、消费者对商品的需求程度等，人们往往认可名牌商品、包装精美的商品、摆放在宽敞明亮的购物环境中的商品的高价格。例如，摆放在宽敞、明亮、整洁专卖店里的商品，人们会很自然地认为它的价格合理，而同样的商品以同样的价格摆放在夜市上，人们会认为它太贵了，不值这么多钱。

（四）倾向性

倾向性是指消费者对商品价格的选择倾向或为高价，或为低价。一般经济状况较好，怀有求名、显贵动机及炫耀心理的消费者倾向于选择价格高的商品；经济状况一般，怀有求实惠动机的消费者倾向于选择价格低的商品。

三、新产品定价心理策略

新产品的定价是营销策略中一个十分重要的问题。它关系到新产品能否顺利地进入市场，能否站稳脚跟，能否获得较大的经济效益。目前，国内外关于新产品的定价策略，主要有三种，即取脂定价策略、渗透定价策略和满意定价策略。

（一）取脂定价策略

取脂定价策略，又称撇油定价策略，是指企业在产品寿命周期的投入期或成长期，利用消费者的求新、求奇心理，抓住激烈竞争尚未出现的有利时机，有目的地将价格定得很高，以便在短期内获取尽可能多的利润，尽快地收回投资的一种定价策略。其名称来自从鲜奶中提取乳脂，含有提取精华之意。

（二）渗透定价策略

渗透定价策略，又称薄利多销策略，是指企业在产品上市初期，利用消费者求廉的消费心理，有意将价格定得很低，使新产品以物美价廉的形象，吸引顾客，占领市场，以谋取远期的稳定利润。

（三）满意定价策略

满意价格策略，又称平价销售策略，是介于取脂定价和渗透定价之间的一种定价策略。由于取脂定价法定价过高，对消费者不利，既容易引起竞争，又可能遇到消费者拒绝，具有一定风险；渗透定价法定价过低，对消费者有利，对企业最初收入不利，资金的回收期也较长，若企业实力不强，将很难承受。而满意价格策略采取适中价格，基本上能够做到供求双方都比较满意。

四、一般商品定价的心理策略

心理营销定价策略是针对消费者的不同消费心理，制订相应的商品价格，以满足不同类型消费者的需求的策略。心理营销定价策略一般包括尾数定价、整数定价、习惯定价、声望定价、招徕定价和最小单位定价等具体形式。

（一）习惯价格心理策略

某些商品需要经常、重复地购买，因此这类商品的价格在消费者心理上已经定格，成为一种习惯性的价格。

许多商品尤其是家庭生活日常用品，在市场上已经形成了一个习惯价格。消费者已经习惯于消费这种商品时，只愿付出这么大的代价，如买一块肥皂、一瓶洗涤灵等。对这些商品的定价，一般应依照习惯确定，不要随便改变价格，以免引起顾客的反感。善于遵循这一习惯确定产品价格者往往得益匪浅。

（二）声望定价心理策略

这是整数定价策略的进一步发展。消费者一般都有求名望的心理，根据这种心理行为，企业将有声望的商品制订比市场同类商品价高的价格，即为声望性定价策略。它能有效地消除购买心理障碍，使顾客对商品或零售商形成信任感和安全感，顾客也从中得到荣誉感。例如，微软公司的 Windows98（中文版）进入中国市场时，一开始就定价 1998 元人民币，便是一种典型的声望定价。另外，用于正式场合的西装、礼服、领带等商品，且服务对象为企业总裁、著名律师、外交官等职业的消费者，则都应该采用声望定价，否则，这些消费者就不会去购买。

声望定价往往采用整数定价方式，其高昂的价格能使顾客产生"一分价钱一分货"的感觉，从而在购买过程中得到精神的享受，达到良好效果。

例如，金利来领带，一上市就以优质、高价定位，对有质量问题的金利来领带他们决不上市销售，更不会降价处理。给消费者这样的信息，即金利来领带绝不会有质量问题，低价销售的金利来绝非真正的金利来产品，从而极好地维护了金利来的形象和地位。又如德国的奔驰轿车、瑞士手表、巴黎时装中心的服装，售价都很贵，在消费者心理上形成高档产品的感觉。我国的一些国产精品也多采用这种定价方式。当然，采用这种定价法必须慎重，一般商店、一般商品若滥用此法，弄不好便会失去市场。

（三）整数定价心理策略

整数定价与尾数定价相反，是针对的是消费者的求名、求方便心理，将商品价格有意定为整数，由于同类型产品，生产者众多，花色品种各异，在许多交易中，消费者往往只能将价格作为判别产品质量、性能的指示器。同时，在众多尾数定价的商品中，整数能给人一种方便、简洁的印象。

（四）尾数定价心理策略

尾数定价又称零头定价，是指企业针对的是消费者的求廉心理，在商品定价时有意定一个与整数有一定差额的价格。这是一种具有强烈刺激作用的心理定价策略。

心理学家的研究表明，价格尾数的微小差别，能够明显影响消费者的购买行为。一般认为，5 元以下的商品，末位数为 9 最受欢迎；5 元以上的商品末位数为 9/5 效果最佳；百元以上的商品，末位数为 98、99 最为畅销。尾数定价法会给消费者一种经过精确计算的、最低价格的心理感觉；有时也可以给消费者一种是原价打了折扣，商品便宜的感觉。同时，顾客在等候找零期间，也可能会发现和选购其他商品。

如某品牌的 54cm 彩电标价 998 元，给人以便宜的感觉。认为只要几百元就能买一台彩电，其实它比 1 000 元只少了 2 元。

尾数定价策略还给人一种定价精确、值得信赖的感觉。尾数定价法在欧美及我国常以奇数为尾数，如 0.99、9.95 等，这主要是因为消费者对奇数有好感，容易产生一种价格低廉，价格向下的概念。但由于 8 与发谐音，在定价中 8 的采用率也较高。

（五）差别定价心理策略

所谓差别定价，也叫价格歧视，就是企业按照两种或两种以上不反映成本费用的比例差异的价格销售某种产品或劳务。差别定价有以下四种形式。

▶ 1. 顾客差别定价

即企业按照不同的价格把同一种产品或劳务卖给不同的顾客。例如，某汽车经销商按照价目标价格把某种型号汽车卖给顾客 A，同时按照较低价格把同一种型号汽车卖给顾客 B。这种价格歧视表明，顾客的需求强度和商品知识有所不同。

▶ 2. 产品形式差别定价

即企业对不同型号或形式的产品分别制订不同的价格。但是，不同型号或形式产品的价格之间的差额和成本费用之间的差额并不成比例。

▶ 3. 产品部位差别定价

即企业对于处在不同位置的产品或服务分别制订不同的价格，即使这些产品或服务的成本费用没有任何差异。

例如剧院，虽然不同座位的成本费用都一样，但是不同座位的票价有所不同，这是因为人们对剧院的不同座位的偏好有所不同。

▶ 4. 销售时间差别定价

即企业对于不同季节、不同时期甚至不同钟点的产品或服务也分别制订不同的价格。

例如，哈尔滨市洗衣机商场规定，商场的商品从早上 9 点开始，每一小时降价 10%。特别在午休时间及晚上下班时间商品降价幅度较大，吸引了大量上班族消费者，在未延长商场营业时间的情况下，带来了销售额大幅度增加的良好效果。

（六）招徕定价心理策略

招徕定价又称特价商品定价，是一种有意将少数商品降价以招徕吸引顾客的定价方式。商品的价格定的低于市价，一般都能引起消费者的注意，这是适合消费者求廉心理的。

案例

北京地铁有家每日商场，每逢节假日都要举办一元拍卖活动，所有拍卖商品均以 1 元起价，报价每次增加 5 元，直至最后定夺。但这种由每日商场举办的拍卖活动由于基价定得过低，最后的成交价就比市场价低得多，因此会给人们产生一种卖得越多，赔得越多的感觉。岂不知，该商场用的是招徕定价术，它以低廉的拍卖品活跃商场气氛，增大客流量，带动了整个商场的销售额上升。这里需要说明的是，应用此术所选的降价商品，必须是顾客都需要，而且市场价为人们所熟知的才行。

日本创意药房在将一瓶 200 元的补药以 80 元超低价出售时，每天都有大批人潮涌进店中抢购补药，按说如此下去肯定赔本，但财务账目显示出盈余逐月骤增，其原因就在于没有人来店里只买一种药。人们看到补药便宜，就会联想到其他药也一定便宜，促成了盲目的购买行动。

采用招徕定价策略时，必须注意以下几点。

（1）降价的商品应是消费者常用的，最好是适合于每一个家庭应用的物品，否则没有吸引力。

（2）实行招徕定价的商品，经营的品种要多，以便使顾客有较多的选购机会。

（3）降价商品的降低幅度要大，一般应接近成本或者低于成本。只有这样，才能引起消费者的注意和兴趣，才能激起消费者的购买动机。

（4）降价品的数量要适当，太多商店亏损太大，太少容易引起消费者的反感。

（5）降价品应与因伤残而削价的商品明显区别开来。

（七）折扣定价策略

折扣营销定价策略是通过减少一部分价格以争取顾客的策略，在现实生活中应用十分广泛，用折让手法定价就是用降低定价或打折扣等方式来争取顾客购货的一种售货方式。

折扣销售中的"损失规避"心理

日本东京银座美佳西服店为了销售商品采用了一种折扣销售方法，颇获成功。具体方法是这样：先发一公告，介绍某商品品质性能等一般情况，再宣布打折扣的销售天数及具体日期，最后说明打折方法：第一天打九折，第二天打八折，第三、四天打七折，第五、六天打六折，以此类推，到第十五、十六天打一折，这个销售方法的实践结果是，第一、二天顾客不多，来者多半是来探听虚实和看热闹的。第三、四天人渐渐多起来，第五、六天打六折时，顾客像洪水般地拥向柜台争购。以后连日爆满，没到一折售货日期，商品早已售缺。这是一则成功的折扣定价策略。

这一折扣定价策略准确地抓住消费者"损失规避"心理，即"人们对一件物品得到后再失去远比从未得到更痛苦"。在这里，顾客看到了特别喜欢的一件商品，当然希望能以更好的价格买到，最好能买到两折、一折价格出售的物品，但是有谁能保证到你想买时还有物品呢？为了规避损失，人们于是出现了头几天犹豫，中间几天抢购的现象。当然最后几天买不着的顾客会无比的惋惜。

所以现在很多商家有意识的实行限量销售。

▶ 1. 数量折扣策略

数量折扣策略就是根据代理商、中间商或顾客购买货物的数量多少，分别给予不同折扣的一种定价方法。数量越大，折扣越多。其实质是将销售费用节约额的一部分，以价格折扣方式分配给买方。目的是鼓励和吸引顾客长期、大量或集中向本企业购买商品。数量折扣可以分为累计数量折扣和非累计数量折扣两种形式。

（1）累计数量折扣。累计数量折扣是指代理商、中间商或顾客在规定的时间内，当购买总量累计达到折扣标准时，给予一定的折扣。累计数量折扣定价法可以鼓励购买者经常购买本企业的产品，成为企业可信赖的长期客户；企业可据此掌握产品的销售规律，预测市场需求，合理安排生产；经销商也可保证货源。

运用累计数量折扣定价法时，应注意购买者为争取较高折扣率在短期内大批进货对企业生产的影响。

（2）非累计数量折扣。非累计数量折扣是一种只按每次购买产品的数量而不按累计的折扣定价方法。其目的是鼓励客户大量购买，节约销售中的劳动耗费。

累计数量折扣和非累计数量折扣两种方式，可单独使用，也可结合使用。

▶ 2. 现金折扣策略

现金折扣策略，又称付款期限折扣策略，是在信用购货的特定条件下发展起来的一种优惠策略，即对按约定日期付款的顾客给予不同的折扣优待。现金折扣实质上是一种变相降价赊销，鼓励提早付款的办法。如付款期限一个月，立即付现折扣 5％，10 天内付现折扣 3％，20 天内付现折扣 2％，最后十天内付款无折扣。有些零售企业往往利用这种折扣，节约开支，扩大经营，卖方可据此及时回收资金，扩大商品经营。

▶ **3. 交易折扣策略**

交易折扣策略是企业根据各类中间商在市场营销中担负的不同功能所给予的不同折扣，又称商业折扣或功能折扣。企业采取策略的目的是为了扩大生产，争取更多的利润，或为了占领更广泛的市场，利用中间商努力推销产品。交易折扣的多少，随行业与产品的不同而不同；相同的行业与产品，又要看中间商所承担的商业责任的多少而定。如果中间商提供运输、促销、资金融通等功能，对其折扣就较多；否则，折扣将随功能的减少而减少。一般而言，给予批发商的折扣较大，给予零售商的折扣较少。

▶ **4. 季节性折扣策略**

季节性折扣策略是指生产季节性商品的公司企业，对销售淡季来采购的买主所给予的一种折扣优待。季节性折扣的目的是鼓励购买者提早进货或淡季采购，以减轻企业仓储压力。合理安排生产，做到淡季不淡，充分发挥生产能力。季节性折扣实质上是季节差价的一种具体应用。

▶ **5. 运费让价策略**

运费让价是生产企业为了扩大产品的销售范围，对远方市场的顾客让价以弥补其部分或全部运费。企业对远方市场，一般都采用运费让价策略。

（八）最小单位定价策略

最小定价策略是指企业把同种商品按不同的数量包装，以最小包装单位量制订基数价格，销售时，参考最小包装单位的基数价格与所购数量收取款项。一般情况下，包装越小，实际的单位数量商品的价格越高，包装越大，实际的单位数量商品的价格越低。

例如，对于质量较高的茶叶，就可以采用这种定价方法，如果某种茶叶定价为每 500 克 150 元，消费者就会觉得价格太高而放弃购买。如果缩小定价单位，采用每 50 克为 15 元的定价方法，消费者就会觉得可以买来试一试。如果再将这种茶叶以 125 克来进行包装与定价，则消费者就会嫌麻烦而不愿意去换算出每 500 克应该是多少钱，从而也就无从比较这种茶叶的定价究竟是偏高还是偏低。

最小单位定价策略的优点比较明显：

（1）能满足消费者在不同场合下的不同需要，如便于携带的小包装食品、小包装饮料等；

（2）利用了消费者的心理错觉，因为小包装的价格容易使消费者误以为廉，而实际生活中消费者很难也不愿意换算出实际重量单位。

（九）分档定价策略

所谓分档定价，系指拉开档次定价。这里需要重点说明两种情况：一种是对价值相差不大或同一型号但质量稍有不同的商品，有意识地专门制订不同的价格。

例如，某服装店对某型号女装制订三种价格：260 元、340 元、410 元，在消费者心目中形成低、中、高三个档次，人们在购买时就会根据自己的消费水平选择不同档次的服装。如果一味地定成一个价格，效果就不好了。一般情况下，如果相邻两种型号的商品价格相差大、买主多半会买便宜的；如果价格相差较小，买主倾向于买好的。

五、商品调价的心理策略

在市场经济条件下，价格受多种因素的影响，为适应整体的营销策略，因而价格会经常发生调整变化。企业在进行价格调整时，除了掌握价格学的基本原理外，还应该认真研究调整价格对消费者的心理影响，使消费者能够从心理上接受价格的调整。这就要求企业在进行价格调整时要选择恰当的心理策略。

（一）产品降价对消费者产生的心理影响

产品降价时常见的对消费者的心理影响如下。

（1）猜测有新产品即将问世，降价产品即将被淘汰，不能只图便宜。

（2）降价产品是滞销或有瑕疵的产品，小心上当。

（3）商品已经降价，还会继续降价，等到价格更低时再买。

（4）购买降价商品有失身份。

（5）产品降价了，很实惠，应大量购买。

（二）降价的心理策略

对产品进行降价调整，是企业最常见的一种促进销售的方法，但在降价时应充分考虑到降价对消费者产生的不良影响，运用适当的营销策略，消除消费者的顾虑，以达到预期的降价目的。

（1）考虑商品是否具备降价的条件。消费者只有在较低的价格买到"好产品"时，才能感到满意并促使购买，达到企业所期待的促进销售的目的。所以企业在进行产品价格的整体部署时，选择降价的产品应具备以下条件。

消费者注重此商品实际性能与质量，而很少将所购商品与自身社会形象相联系。

消费者对此产品的质量和性能非常熟悉，如某些日用品或食品，降价后仍然能保持对此产品信任。

产品的制造商或产品品牌的信誉度较高，降价不影响消费者对产品品质的怀疑。

（2）选择适当的降价理由。

（3）确定适宜的降价幅度。

（4）坚持"一步到位"的降价原则。

（三）产品涨价对消费者产生的心理影响

产品涨价时常见的对消费者的心理影响有：

（1）产品涨价是因为这种产品非常热销、紧俏，可能会出现断货，要抓紧时间尽快购买，不买会错过时机。

（2）产品具有特殊的价值或更优越的性能。

（3）产品已经涨价，还会继续再涨。

（4）这种产品太贵了，要寻找替代品或转换品牌。

(四) 涨价的心理策略

通常消费者对产品价格的上涨会产生一种本能的抵触情绪，但有时正是这种刺激反而使消费者产生紧张情绪，从而促进购买。企业应当很好地利用涨价对消费者心理的影响，实施有效的心理策略，以达到企业预期的涨价目的。

(1) 考虑商品是否具有提价的条件。

(2) 及时准确地把握提价的时机。

(3) 确定适宜的提价幅度(感觉差距阈值)。

(4) 坚持"谨慎行事"的提价原则。

(5) 企业间接提价的方式：改变为消费者提供的产品或服务的数量；改变产品和服务的质量；改变优惠条件或折扣；改变交易条件等。

任务实施

步骤 1：组建小分队，以小分队为单位，按照每个项目的任务要求，通过分工协作，独立制定计划并实施计划，完成项目任务。每个小分队 6～8 人，可自由结组，优势互补；每个小组内保证必须男女皆有；每个小组在完成任务过程中，小组成员不变；小组成员在不同的任务中要承担不同的角色，进行角色轮换。

步骤 2：以小组为单位学习知识，选择一家商场进行价格调查，要求调查不少于 5 大类商品，每类不少于 10 种商品的价格，分析其定价的策略及其对消费者心理的影响。

步骤 3：以小组为单位制作 PPT 进行汇报，小组成员协作分工完成任务。

步骤 4：教师、企业专家、学生代表三方组成的成绩评定团进行评价。

任务评价

参照表 5-2，对学生任务完成情况进行评价。

表 5-2　任务评价表

考评项目	考评点	分值	评分	评分人签名
方案内容	方案内容的实用性	20		
	方案格式的完整性	20		
	方案制订的全面性	10		
	方案内容的创新性	10		
语言	语言规范，对方案掌控良好	5		
	语言清楚简练，生动通俗	5		
	应答有礼有节	5		
	时间把握恰当	5		
课件设计	课件制作新颖	10		
	课件使用效果好	10		
合计		100		

工作任务三 运用消费心理实施促销策略

知识目标：

1. 了解促销的心理功能。

2. 理解广告创意的心理策略。

能力目标：

能够根据消费者心理设计促销推广计划。

情感目标：

1. 培养学生分析问题解决问题的能力。

2. 培养学生团队合作意识。

任务分析

通过完成此任务的学习，对消费者促销心理进行了解和认识，掌握产品促销心理策略。

任务知识

案例

弱点营销

好的营销都是直击人性弱点的，它让吃货放弃减肥，让懒惰者专心叫外卖，让虚荣者满身挂满奢侈品。如果让你无须付费就能享受食物，你会做何反应？

汉堡王曾是仅次于麦当劳的全球第二大连锁快餐公司，随着赛百味的异军突起，三明治超越了汉堡，坐上了全球第一把交椅。不过汉堡王仍然有出其不意的营销方案来挽回失地，汉堡王在一次营销活动中怂恿顾客"牺牲"自己的10位朋友来换取一个超大汉堡。活动的参与者必须在 Facebook 上删除掉自己的10位好友，更赤裸的是，你还必须安装一个程序，把被删除的好友名单展示在你的 Facebook 首页上，这样，住你隔壁的人就知道你为了一个汉堡牺牲了和他的友情。网站上的数字会随时刷新，搭配一条被烈火包围的标语：现在已有 6.53 万个朋友被牺牲。是的，友情诚可贵，汉堡价更高。

"牺牲朋友"活动得到的评价褒贬不一，心理学家认为它太残忍，不过广告公司对它赞扬有加，称其是"最有智慧的线上推广"。一切都有数据作证，即便汉堡王免费送出了10万个超大汉堡，导致 100 万人被朋友无辜牺牲，但对于 Facebook 庞大的用户基数来说，这只是一个微不足道的数字，产生的负面效应在警戒线之下。对于汉堡王而言，这100万人的痛楚会被口耳相传，见诸报端，得到的广告效应远大于10万个汉堡的实际成本。除了那100万人，大家皆大欢喜。

《引爆点》的作者格拉德威尔认为汉堡王的线上营销玩弄的是一个复杂的心理游戏，表面上是利用了人们的恶作剧心理和猎奇心态，这两种心理状态存在于人的天性之中，只是看有谁能把它激发出来。实际上，它的内核是人们普遍贪图小利的弱点，朋友是无价的，但线上的朋友，100个中至少有10个是无价值的，把他们删掉多少会内疚，但一个汉堡可以让你满血复活。

美国营销大师科特勒把人类的商业营销史分为三个阶段，营销1.0时代是以产品为中心的时代，产品卖得好不好全靠推销员的口齿伶俐与否，因此电话推销员盛极一时；营销2.0是以消费者为中心的时代，除了提供产品，企业还要为埋单的人提供情感价值，刘翔在奥运会上失足后，耐克的广告已经说明了一切。现在已经走到了营销3.0时代，消费者的弱点永远都在，但都修炼得比以前聪明，好的营销没有固定程式，能让人心甘情愿掏钱就是最佳方案。

快递公司助长了懒惰，奢侈品助长了妒忌，这两者都是可以克服的，唯一难以克服的是贪婪，否则不足以解释在"8·15电商价格战中"，为什么苏宁易购的页面会崩溃，为了抢购一台冰箱，你要花两个小时才能注册，然后在下单时绝望地看到"缺货"二字。

价格战永远是最有效的弱点营销，也是所有电商的撒手锏，没有打过价格战的中国电商不存在。京东创始人刘强东8月14日咄咄逼人地在微博上向苏宁易购宣战，后者接招，国美也顺势参战。三方都不约而同地宣布，自家网站上的大家电产品在第二天上午9点之后会比对方便宜。这场战争看起来是不是很奇怪？因为不可能大家都比对方便宜。从一天的促销效果来看，两家B2C购物网站均吸纳了大量的流量及订单。有道购物助手的数据显示，京东流量居于第1位，苏宁超越天猫商城登上第2名。流量涨幅上，苏宁易购流量增长了706%，国美为463%，京东为132%，看来需要换冰箱的中国人很多。至于大家是否都比对方便宜，反倒成了无解的问题，三家电商的重合产品很少，价格难以比较。

迅速有人爆出价格战只是一场微博营销，幕后推手是《创业家》的前主编申音，用户当然无从辨别真假，但故事的结果是，京东流量猛增，苏宁股票涨停，价格战没有输家。

价格在一定程度上就是弱点，便宜的价格就是最好的服务，我们可以多少为此购买一些商品。天猫"双十一"的日销售额：2009年，1个亿；2010年，10个亿；2011年，52亿元；2012年，191亿元；2013年，350亿元；2014年，570亿元；2015年，912亿元。打折、优惠让网络销售掀起一场又一场的营销盛宴。

资料来源：胡尧熙．你是弱点营销的起点和终点．

促销实质上是与消费者进行沟通交流的活动，广告是企业最常用的一种促销手段，其目的是向受众传递商品或企业信息，使受众在了解商品或品牌的基础上，形成积极的品牌态度，进而产生购买行为。运用广告进行促销的企业，无不希望自己的广告能够发挥出最佳的效力，达到预期的销售目的。这就要求企业必须了解消费者心理特征及规律，采取准确的广告诉求和恰当的传播渠道，从不同角度来影响消费者心理，进而说服消费者自觉自愿地购买产品。研究消费者的广告心理就是要通过广告的内容和传播方式对消费者产生影响，导致其产生一系列的心理活动，最终引起消费态度变化。

一、促销对消费者的心理影响过程

促销是企业利用多种信息传播手段，与消费者进行信息的沟通和交流，激发消费者的购买欲望，促使消费者实现购买行为的活动。促销信息发生作用的机制和过程完全是心理性的，它与消费者的认知过程有着高度的契合性，消费者对于信息传播的反应模式有很多种。经典的反应模式有层次效果模式、AIDA 模式、创新模式、沟通模式，如表 5-3 所示，这些模式的反应过程都遵循消费者的心理认知过程。

表 5-3　消费者对促销信息的四种经典反应模式

	认 知 阶 段	情 感 阶 段	行为态度阶段
层次效果模式	知晓→认识→	喜爱→偏好→信任	→购买
AIDA 模式	注意	兴趣、欲望	行动
创新模式	知晓	兴趣、评估	试用、采用
沟通模式	接触、接收、认知	态度、意图	行动

(一) 层次效果模式

(1) 知晓阶段，企业通过促销信息传播使消费者知晓企业、品牌或产品。

(2) 认识阶段，使消费者对有关商品的性能、特点、用途、价格和维修方法，以及销售地点、销售方式等相关信息有一个具体的、客观的理解和认知。

(3) 喜爱阶段，使消费者在了解企业、品牌或产品的基础上，对企业、品牌和产品产生好感。

(4) 偏好阶段，使消费者在对企业、品牌或产品产生好感的基础上，通过进一步的接收有效信息，使消费者对企业、品牌或产品产生倾向性的偏爱。

(5) 信任阶段，通过对企业、品牌或产品的宣传，使消费者相信，企业的产品是其最好的选择。

(6) 购买阶段，使消费者做出购买企业产品的决定，并付诸行动。

(二) AIDA 模式

(1) 注意(attention)，注意是人们对一定事物的指向和集中。企业的促销信息通过各种形式刺激消费者的感觉器官，引起消费者的注意，使消费者的意识转向广告产品，并对有关信息加以注意。如企业通过广告、免费品尝、产品现场演示等方式吸引消费者的注意。

(2) 兴趣(interest)，人们在接受信息的过程中，增强了对商品的了解，进一步产生兴趣，这种兴趣能使消费者产生继续了解有关内容的热情和耐心。

是否能激发消费者的兴趣，使消费者产生继续了解有关内容的热情和耐心，与消费者群体和信息的趣味性有很大的关系。如产品功能的现场演示比单纯的语言描述更能够激发消费者的兴趣。

据统计，美国某刊物广告的阅读者中，男性读者阅读汽车广告的比例比阅读服装广告的要高出 4 倍，而女性读者阅读服装和电影广告的比例比阅读旅游广告的要多出一倍多。这是由于男性、女性读者对不同类型物品的兴趣有明显差异的缘故。

（3）欲望（desire），上述过程产生积极的感受以后，会诱发消费者积极的情感，增强购买商品的欲望和做出购买决定的动力。

（4）行动（action），广告诱发消费者积极的情感，会使消费者形成一个良好的商品形象，产生对商品的积极态度评价，形成购买意向，最终采取购买行为。

采取购买行动后，如果感到满意或获得他人的赞美，会进一步加强对该商品的记忆、联想和积极的情感，进而形成品牌的忠诚度。

"AIDI"模式的魅力在于吸引注意，诱导兴趣和刺激购买欲望三个阶段，三个阶段无处不在的对消费者的心理进行认识和把握。

二、促销的心理功能

（一）传递信息

现代社会是信息高度发达的时代，每天人们自觉或不自觉地通过各种途径在接收各类信息。促销通过各种传播方式将信息传递给消费者，帮助消费者了解有关商品的性能、特点、用途、价格和维修方法，以及销售地点、销售方式等，这些信息使人们认知商品的必要条件。

人们接收外界信息的途径有五条通路，即视觉、听觉、触觉、味觉、嗅觉，企业可以根据信息传递对象的特点，借助适宜的传播媒介，使受众能够最大程度地接收信息，认知商品。

心理学家通过心理实验证实：人类获取信息 83％来自视觉，11％来自听觉，这两者加起来就有 94％，另外，3.5％来自嗅觉，1.5％来自触觉，1％来自味觉。

（二）引起注意

促销的另外一点心理功能是引起消费者的注意，注意是消费者对促销信息传播反应的起点。

人们每天通过各种媒体可接触成百上千的促销信息，这些信息中的大部分都被忽略了，据研究只有 5％的信息才能引起人们的注意，能否吸引消费者的注意，与刺激的形式和大小有关，如表演展示中活动模特身上的服装就比橱窗中挂着的服装更容易引起人们的注意。

广告版式编排顺应消费者心理

视觉主体的最佳位置：一般情况下，人们注意广告版面的时候，视觉习惯总有首先注意的地方。心理学家葛斯达认为，同一版面的上部比下部注目价值高，左侧比右侧注目价值高。因此，广告版面的左上方是最吸引人注意的位置，是广告重点内容安排的地方。另外，版面视觉中心也是画面最受关注的焦点，由于人们眼睛的错觉，感受到的视觉中心一般在画面上下等分的位置偏上，即略高于对角线交叉点。根据这个原理，当安排图形在画面中心位置时应稍微偏上，使视觉上产生平衡感。

画面的视觉流程：根据人们的阅读和书写习惯加"顺时"心理，在注意版面时，一般视线总是从左上角向右下角，再至左下角成反C字形移动轨迹。另外，相同基本形由大到小排列时，视觉会由大到小流动。根据以上特点，合理安排广告要素，使画面形成视觉导向，有利于视觉传达，实现有计划的信息传播目的。

画面的大小：一般说来，全版广告比半版广告更容易被注意到。首次登广告，新闻式、告知式宜选用较大版面，以引起读者注意；后续广告，提醒式、日常式可逐渐缩小版面，以强化消费者记忆。节日广告宜用大版面，平时广告可用较小版面。

（三）增强记忆

记忆是以往经历的事物在人头脑中的反应。记忆有助于加深人们对企业、品牌和商品的认同，是使消费者产生对企业、品牌和商品偏好和激发消费者欲望的基础。

企业促销传播的信息能否在消费者心中留下深刻的记忆，受很多因素的影响。

（1）刺激的形式影响记忆的深浅。一般形象、直观、具体的事物比抽象的事物容易给人留下印象，加深记忆。例如：图文并茂、色彩绚丽的广告画面比只有文字的页面给人以更深的印象，更容易让人记住。

（2）刺激物出现的顺序性影响记忆。一般在电视剧之间的播出的广告顺序影响着人们对广告的记忆，人们更容易记住第一个和最后一个广告。

许多心理学家都对系列位置作用做了研究。1962年，加拿大学者墨多克向被试呈现一系列无关联的字词，如肥皂、氧、枫树、蜘蛛、雏菊、啤酒，舞蹈。雪茄烟、火星、山、炸弹、手指、椅子、木偶等，以每秒出现一个的速度呈现完毕，让被试以任意顺序自由回忆，结果发现回忆的效果与字词在原呈现的位置有关，在系列的开始部分和末尾部分的单词均比中间部分的单词更容易回忆。

（3）刺激的重复次数影响记忆。在一定条件下，信息重复的次数越多，消费者对企业、品牌或产品的记忆就越深刻。

人的记忆分为感觉记忆、短时记忆、长期记忆。心理学家研究证明，人的感觉记忆时间很短，只能保持0.25～2秒，受到注意的感觉记忆可以转化为短时记忆。短时间记忆的时间略长于感觉记忆，但最长也不超过1分钟，容量只不过7±2个记忆单位。重复可以使短时记忆转化为储存超过1分钟的长时记忆。多次重复可以使人对接触的信息在头脑中留下深刻的印象，直至保持终生的回忆。

（四）树立形象

促销不仅能起到促进销售的作用，很多时候促销活动还能在消费者心中起到树立企业形象的作用。如在销售活动中销售人员的良好形象、企业的公益广告、企业的捐款等公共关系活动都能起到树立企业和产品形象的作用。

企业通过长期的不懈努力，在公众中形成的美誉度，是企业发展的巨大财富，它能增强消费者对企业或产品的信任和偏好。但企业美誉度的建立，是一个长期的、有计划的促销推广过程，这也需要大量的广告和公共关系的投入。

（五）诱发情感

好的广告和促销活动，注重艺术感染力，讲究人情味，让人陶醉其中，观看的过程也是一种欣赏和享受的过程，消费者在欣赏的过程在产生积极的情感。积极的情感有利于强化消费者的购买欲望，坚定购买信心。

 案例

赢在中国之蓝天碧水间——博洛尼广告语

2013 年，江苏卫视播出《赢在中国之蓝天碧水间》，知名主持人李静、零点研究咨询集团董事长袁岳、合润麟（北京）食品有限公司董事长、俏江南 CEO 汪小菲、依文企业集团董事长夏华等 12 位企业家，分成两组，通过真实的项目进行 12 场对决。第八场是博洛尼新品橱柜的推介会和广告语演绎。

两个队为博洛尼开放式橱柜设计的广告语分别是：在这里可以自由的呼吸——蓝天队；爱与生活同在——碧水队。这两句广告语分别从理性和感性的角度阐释了博洛尼橱柜新产品，都是很不错的广告语。但是对于消费者对品牌的认识和讲授过程来看，应该是碧水队的"爱与生活同在"这样的感性广告语更受到专家和消费者的认同。

三、广告创意的心理策略

广告创意是指在广告定位的基础上，在一定的广告主题范围内，进行广告整体构思的活动。广告创意是广告制作的依据，是广告的"灵魂"。在广告创意的基础框架内，就可以开始运用艺术性的手法，实施广告的具体制作了。

（一）心理素材

一方面是客观事物中的实物或图片，另一方面是来自创作者头脑中已存储着的客观事物的形象。

（二）创造想象

（1）利用原型启发。

（2）创造性综合。

（3）跳跃性合成。

（4）渲染性突出。

（5）想象性空白。

（三）再造想象

依据语言的描述或图标，在人脑中形成相应的新形象的过程，称为再造想象。在现实生活中，人们凭借再造想象可以在一定程度上领会广告所描绘的产品性能、用途等信息，实际上这是在进行产品的情感体验。

四、广告诉求心理

广告诉求是指在广告的策划和设计中，通过对消费者的知觉、情感的刺激和调动，以及对厂商、商品特点的宣传，来迎合和诱导消费者，以最终使消费者产生购买动机的过程。常用的广告表现策略有如下几种。

▶ 1. 幽默诉求

广告中的幽默可以增加轻松感和趣味性，拉近买方与卖方的距离，减少顾客对广告的厌烦和怀疑情绪，提高消费者对广告的注意力和记忆效果，让人们在欢乐的笑声中受到感染，在轻松、愉快的气氛里接受广告的劝服。卡特尔杀虫剂的广告"您不能反咬它，但您却能反击它"，这则广告让人忍俊不禁。虫子咬人，让人讨厌，广告幽默地诉说：人们不能反咬它，最好的办法是用卡特尔杀虫剂反击它，消灭它。劳力士手表的一则广告"我的劳力士手表，哪像我，从来不需要休息"。通过与主人幽默地比拟表明了该手表的优良特性：质量高，性能好，从不出故障。

▶ 2. 恐惧诉求

恐惧诉求是在广告中展示一个可怕的情景，来唤起受众的焦虑和不安，进而指出恐惧情景可以通过使用某种产品和劳务来解除。"妈妈柠檬"在报纸上做的广告就是一个很好的例子。报纸左侧是一则新闻：34名安徽民工食用不洁青菜中毒，经吴淞医院抢救已经全部脱险出院，卫生部门忠告市民野菜应多洗多浸。右面的通栏标题是："妈妈柠檬"早诞生，这种事情不发生。具体的广告词是：蔬菜水果在使用前如果没有洗净表面残留农药，结果就会呕吐、腹泻、食物中毒，甚至危及生命，34名安徽同胞的不幸遭遇，再一次向大家敲响了警钟，现在好了，有了妈妈柠檬浸洗剂。上海家化联合公司出品的妈妈柠檬浸洗剂，采用日本狮王的专有技术，它能彻底洗净蔬菜水果上残余的农药，保证您放心享用新鲜水果。看了这则广告，消费者出于对健康危害的恐惧，将非常愿意选购"妈妈柠檬"。

▶ 3. 情感诉求

情感诉求在广告创作当中应用得比较普遍。它是指广告创作者通过极富人情味的诉求方式，去激发消费者的情绪、情感，满足消费者的情感需求，进而使之萌发购买动机，实现购买行为。中国台湾地区一家信托信用卡的"我们是一家"的广告诉求拉近了与客户的距离，使客户感觉到家的温暖，降低了对信用卡的心理抵触，此例运用亲情有效地达到了企业与消费者的沟通。"雕牌"洗衣粉一句"妈妈，我可以帮你干活了！"这份母女相依为命的亲情与产品融为一体，巧妙结合，成就了一个感人至深的产品故事，使"雕牌"形象与产品深入人心。再如孔府家酒的广告语"叫人想家"，听到这句广告语饮酒思乡的感情油然而生。

▶ 4. 价值实现诉求

人是有着各种欲望的高级动物，每个人都有自我实现的需要。当人们具备一定条件时，就会尽可能地满足自己的需要。在一种产品类别中，往往有多种品牌，他们通过不同的广告诉求，赋予产品独特的象征意义。在汽车方面：奔驰汽车象征着豪华、高品质；保时捷象征着品质和速度；法拉利不仅象征着速度，还意味着艺术。奔驰汽车广告语"领导时代，驾驭未来"；卡迪拉克汽车广告语"将力量、速度和豪华融为一体"。两则广告语都暗示购买此商品将尽显您的尊贵与成功，正迎合了成功男士的心理需求。在广告策划中，针对消费者的心理而制订的诉求策略能够有效地击中消费者的心理。在这个怎么说的过程中，广告语言的组织也十分重要。我们知道，广告是以视觉和听觉为基础、以情感为内涵的综合性艺术。同时，作为广告重要载体的广告语，在传达广告内容时，除了必须准确传达产品信息之外，更重要的还要有审美情趣。这种审美情趣主要体现在多种修辞格的使用上，通过广告语言的修辞艺术来提高广告语言的接收效果。

五、广告语言的修辞艺术

（一）夸张

大概是与广告的宣传性有关，各类广告语言中都较喜欢使用夸张手法。恰当地夸张能够进一步表现商品的质量和特点，更强烈地表达广告主题思想，也能够体现出厂家商品的豪迈、自信的气概，从而给人以某种鼓动力。例如："今年二十，明年十八"（上海×化妆品广告）"车到山前必有路，有路必有丰田车"。"有路必有丰田车"，这话虽说夸张了点，但很形象地道出丰田车销售的良好情况。

（二）反复

反复除有强调和突出的作用外，还有分清层次和加强节奏的作用。广告语常用反复使受众加深印象。例如："丰华丰华，笔中精华"（丰华笔）；"中国人的生活，中国人的美菱"（美菱冰箱）；"我不认识您，但我感谢您"（义务献血）；"容声容声，质量的保证"（容声电冰箱）。这几例运用反复，既协调了音节，又强调了产品。

（三）比喻

运用形象的词语和表达方式容易被理解，给人留下深刻的印象。比喻能使语言具体形象、鲜明生动，也可使复杂、深奥的道理明白易懂，因此它对广告语言生动和简明都具有重要作用。例如："甜而又酸的酸奶有初恋的味道"（日本×酸奶广告）、"金峰电视机，像小溪一样清新明朗，像音乐一样悦耳动听，像鲜花一样色彩鲜明"（金峰牌电视机广告）。典型的明喻可能会使广告所宣传的思想显得不真实，所以典型的明喻在广告中并不常用。广告的明喻往往将喻体和本体以结构相似的句子并列，两者之间省掉喻词，这样，从表面上看，是一般陈述，避免了一般明喻的缺陷。如"骑马要骑千里马，用灯要用德宝灯"（德宝灯具广告）。

（四）对比

"对比是广告语言中常用的修辞手法，它主要是通过两种产品、服务相比较，或者将同一产品、服务的现在和过去相比较，从而说明其优势。俗话说：不怕不识货，就怕货比货。广告商正是利用人们的这种'货比三家'的心理，制作出种种绝妙广告词。"如"只买对的，不选贵的"暗示人们纳爱斯雕牌洗衣粉物美价廉，选它准没错。"新飞广告做得好，不如新飞冰箱好"暗示人们新飞冰箱质量过硬，胜过广告宣传。再如"上有天堂，下有苏杭"、"五岳归来不看山，黄山归来不看岳"等经典广告词，更是脍炙人口。一度行销市场的"红桃K"集团生产的"红桃K"生血剂，推出中国第一大推销员"王婆"，于是"王婆"在广告中说道："过去卖瓜，自卖自夸，如今卖它，不用我夸。"过去的"王婆卖瓜，自卖自夸"，家喻户晓，颇受人们的非议。如今"红桃K"集团利用与过去的"王婆卖瓜"的方式进行对比，突出"红桃K"生血剂不用自吹自擂，而是以其高质量、高信誉获得市场，使消费者满意的。

（五）仿词

在广告语言中，有时利用群众熟知的诗文名句、成语典故等来创造出一个新的语句以符合广告的表达需要。在不失掉原有意味的前提下，给人耳目一新的感觉。例如，身在伏中不知伏(空调广告)，是根据"身在福中不知福"仿造的，是说身处在炎热的夏天却感受不到夏日的炎热，又反过来说明该空调的制冷效果好。又如"大石化小，小石化了"(胆舒囊广告)是根据"大事化小，小事化了"而仿造出来的。

（六）双关

广告创作者经常运用双关手法，言在此而意在彼，以增加广告的趣味，引起联想记忆。例如，"实不相瞒，菊花的名气是吹出来的"(菊花电扇)，此吹非吹牛之"吹"，而是实实在在的功效。"口服心服"(矿泉水广告)，"口服心服"作为成语，它的意义是"心里嘴里都佩服"。这样，广告词的意义就成了"喝了之后心里佩服"，造成一种言在此而意在彼的效果。再如"孔府家酒，叫人想家"(孔府家酒广告)。这则广告语一语双关，向公众暗示，孔府家酒会让人产生对家的向往。"人类失去联想，世界将会怎样?"(联想电脑)这里的"联想"既指人类的思维方式，也指联想品牌本身。在广告语言的组织中，单一的修辞手法是比较单调的，为了加强表达效果，这就需要各种修辞手法的融会贯通，综合运用多种修辞手法。"修辞的使用可以强化广告功能，产生情感传递和联想意义，不仅扩大了广告语的内涵，强化了广告词的感染力和艺术魅力，把没有感情的商品变得富有情感色彩，以唤起消费者的消费心理，对广告及其商品产生好感，给人们留下了无比绚丽的想象空间，达到促进商品销售的目的。"另外，巧妙地运用修辞可以使语言生动幽默、委婉含蓄，富有戏剧性效果，而又意味深长。修辞的使用可以吸引受众的注意力，加深他们对相关商品信息的记忆，从而达到较好的广告效应。总之，把修辞运用到广告语中往往能收到事半功倍、立竿见影之功效。综上所述，"广告不在于说什么，而在于怎么说，广告是打着艺术的旗帜，追求对消费者心理的冲击和震撼，在消费者心里创造出一个位置，这个位置绝对不是强加给消费者的，而是在广告语言的不断暗示中，潜移默化于消费者心中的。"所以，"今天你渴了吗?"会让孩子拥有一瓶娃哈哈而自我得意；一则交通广告："阁下驾驶汽车，时速不超过30公里，可以欣赏到本市美丽的景色；时速超过60公里，请到法庭做客；超过80公里，请到本市设备最新的医院；上了100公里，祝您安息!"会让司机不由自主地减速前行；"爱孩子的妈妈选择'邦宝湿'"会让年轻的妈妈们为了觅到一包"邦宝湿"不辞辛苦地跑遍全市的商场。可见，广告借助语言表达了广告所要传达的内容，对消费者形成刺激或暗示，其最终目的是劝说消费者购买产品或改变其想法。广告对人们的消费行为产生了巨大的影响，以及人们的生活思维方式，它总是暗示人们拥有某种品牌的洗衣机、空调、汽车及现代化的浴室是多么的幸福，按照广告宣传去布置生活是多么的时尚、多么的美满。广告的中心任务是说服消费者购买商品和劳务，只有将广告语言的诉求策略准确地击中消费者的心理，广告策划才能取得最大成功。

任务实施

步骤 1：组建小分队，以小分队为单位，按照每个项目的任务要求，通过分工协作，独立制订计划并实施计划，完成项目任务。每个小分队6~8人，可自由结组，优势互补；小组内保证必须男女生皆有；各个学生小组需每个小组在完成任务过程中，小组成员不变；小组成员在不同的任务中要承担不同的角色，进行角色轮换。

步骤2：以小组为单位，为校园××蛋糕店制定一份促销方案，并对其中运用的促销方法对消费者的心理影响进行分析。

步骤3：以小组为单位制作PPT进行汇报。小组成员协作分工完成任务。

步骤4：教师、企业专家、学生代表三方组成的成绩评定团进行评价。

任务评价

参照表5-4，对学生任务完成情况进行评价。

表5-4 任务评价表

考评项目	考 评 点	分 值	评 分	评分人签名
方案内容	方案内容的实用性	20		
	方案格式的完整性	20		
	方案制订的全面性	10		
	方案内容的创新性	10		
语言	语言规范，对方案掌控良好	5		
	语言清楚简练，生动通俗	5		
	应答有礼有节	5		
	时间把握恰当	5		
课件设计	课件制作新颖	10		
	课件使用效果好	10		
合计		100		

工作任务四　运用营销心理营造营业环境

任务目标

知识目标：

1. 了解营业环境的构成要素。

2. 理解消费情境对营销活动的影响。

能力目标：

1. 能够运用消费心理的相关知识分析营业环境对消费者购物心理以及购物行为产生

的影响。

2. 能够运用消费心理的相关知识对营业环境提出改进建议。

情感目标：

1. 培养学生发现问题、分析问题、解决问题的能力。

2. 培养学生团队合作意识。

任务分析

通过完成本任务，明确营业环境的含义及其构成，了解营业环境的类型，掌握环境与营销策略之间的关系。

任务知识

消费者的购买行为都是在一定的购物环境中发生的。所谓购物环境是指商店的店容店貌，具体包括商店的门面、招牌、橱窗、店内环境、商品陈列、色彩照明等。购物环境的优劣对消费者购买过程中的心理感受具有多方面的影响。购物环境是消费者购物前就接触的因素，它将给消费者留下第一印象，良好的购物环境可以促进销售，反之，则会对销售带来负面影响。

一、商场选址心理

商场的选址是从市场营销的角度出发，权衡顾客需求与商业利益的商业布局安排。在选址过程中要综合考虑所在区域的人口因素、地理环境因素等，要考虑到顾客的相关心理。

（一）商场集聚心理

在人口密集、客流量大、交通便利的城市中心或繁华地段建市场，商店林立的商业街，由于商家集聚，就会形成一个规模大、密度高的顾客群。而且地理位置浓厚的商业氛围和完备的综合功能吸引很多消费者连带性地购买商品，满足其求名、求全的消费心理。所以有石家庄小商品批发市场、白沟箱包城、玉器一条街等。

商场经营中具有明显的马太效应，很多顾客有浓重的从众心理，人越多，认为商品越吸引人，购买兴趣就越高。如影剧院、商业街、公园名胜、娱乐、旅游地区等，这些地方可以使顾客享受到购物、休闲、娱乐、旅游等多种服务的便利，是大型商场的最佳地点选择。

讨论：你到一个陌生的城市旅游，想就餐，有诸多的选择餐馆，请问你的选择参照标准是什么？请举例说明？

（二）购买便捷心理

要选择交通比较便捷、进出道路比较通畅、商品运输安全省时、主要顾客购买路程不远或乘坐公交车比较方便。如果是几个车站交汇点则更好。

（三）最佳地段心理

在一条商业街内，不是每家商店的人流都一样，街区两端购物的人要明显少于其他地段，中间地段要优于两端，存在着黄金分割效应。

家乐福的选址要求

法国最大的零售商家乐福，2015 年销售额约 843 亿欧元。家乐福的成功在于精细、科学的管理，主要表现在以下几个方面：选址的科学化、强大的商品管理机构、强大的电脑支持功能、简洁的组织结构、经营理念及高效现场管理，完整的企业文化和强烈的防损意识。自家乐福 1995 年进入中国市场至今，已拥有超过 5 万多名员工，所开店已遍布中国 30 多个城市，经营商品两万多种，家乐福 95% 以上商品都是本地化采购。家乐福在中国每开一家新店都严格按照其选址要求进行。家乐福的顾客群其中 60% 的顾客是 34 岁以下的人群，70% 是女性人群，54% 是已婚人群。并达到卫生、舒适、店内通道进出方便商业国际标准。

（1）地理位置要求：开在十字路口。Carrefour（法文，意为十字路口），其第一家店是 1963 年开在巴黎南郊一个小镇的十字路口，生意异常火爆。十字路口成为家乐福选址的第一准则。同时还要交通方便，满足私家车、公交车、地铁、轻轨等各种交通要素的通达；人口密度相对集中；两条马路交叉口，其一为主干道；具备相当面积的停车场，比如在北京至少要求 600 个以上的停车位，非机动车停车场地 2 000 平方米以上，免费提供家乐福公司及顾客使用；

（2）建筑要求：占地面积 15 000 平方米以上，且最多不超过两层，总建筑面积 2 万～4 万平方米。建筑物长宽比例 10∶7 或 10∶6；

（3）3～3 公里商圈半径：这是家乐福在西方选址的标准。在国内一般标准是公共汽车 8 公里车程，不超过 20 分钟的心理承受力；

（4）灵活适应当地的特点：家乐福店可开在地下室，也可开在四五层，但最佳为地面一二层或地下一层和地上一层。家乐福一般占两层空间，不开三层。这种灵活选址原则，同时增强了家乐福在同类商业的竞争优势；

（5）租期要求：家乐福能够承受的租金较低，而且一般签订长期的租赁合同（通常是 20～30 年）

二、门面设计心理

门面给人以最直观的印象，要想吸引消费者不仅门面大方、简洁易记，还要独具特色。这个主要体现的是第一感觉。

门面设计的原则是要出入方便、有美感。例如在人们通往店堂的大门使用透明玻璃做材料，增加了透明度和光亮感，人们对于商店内部场景一目了然，与无形中充分感受到商家的坦诚与热情。

出入口的设计有以下四种。

▶ **1. 封闭型**

店门出入口较小，只有出入的门临街。这种类型的出入口适合经营金银首饰、名贵工艺品、艺术品等高档商品和特殊商品，以及西餐、咖啡饮料等商店。顾客进入这类商场可以因其封闭的出入口产生神秘、优雅、高贵的感觉。这类商场的主体客人为具有特定消费意向的人群，客流量不多，故不会影响客人的出入。

▶ 2. 半开型

出入口占门面的一半左右，出入口两翼临街的一面常设置橱窗，陈列各种新颖而生动形象的样品。这种出入口适合于经营时装、化妆品、医药用品、文化用品等大众化商品。

▶ 3. 全开型

临街一面全部开放，出入口尽可能大一些，顾客在路过时很容易看清商店内部的商品摆设。这种设计适宜于经营食品、水果、蔬菜等商品的商店，顾客进出商店无任何障碍。这类商场一般出售的是人们最直接的生活必需品，便捷的出入能够满足顾客方便、实用、经济的心理需要。

▶ 4. 畅通型

设有两个以上的店门。这种类型的出入口适合用于规模宏大、客流量众多、经营品种繁杂的商场，比如百货商店、超级市场、大型商场等，给人以方便、气派之感，能最大限度地适应人们进出商场的需要。

三、橱窗设计心理

(一) 橱窗设计的心理功能

▶ 1. 唤起注意

现代社会，人们面对琳琅满目的商品，不免眼花缭乱，视野被淹没在商品的海洋中。橱窗既是装饰商场店面的重要手段，也是商场直接向顾客推介商品的不可或缺的广告场所。当一个人漫无目的走在商业街时，一个醒目的色彩绚丽的橱窗很容易吸引他的视线。

▶ 2. 引发兴趣

橱窗—商品实物的形态向顾客做商品推介，形象而又生动，人们视觉上的注意会激发情绪上的兴趣。

▶ 3. 激发动机

注意和兴趣的积累往往会导致形成一种欲望，想象中的自己也变成了画面中的主角，身临其境，于是忍不住产生"心动不如行动"的想法，促使人们最终想要掏钱购买。

(二) 橱窗设计的心理方法

(1) 精选商品，突出主体。

(2) 塑造形象，以美感人。

(3) 进行渲染，启发联想。

四、商品陈列心理

按销售者的经营思想及要求，有规律地摆设、展示，以方便顾客购买，提高销售效率的重要宣传手段，是销售产业广告的主要形式。合理地陈列商品可以起到展示商品、刺激销售、方便购买、节约空间、美化购物环境等各种重要作用。据统计，店面如能正确运用商品的配置和陈列技术，销售额可以在原有基础上提高10%。

(一) 一目了然

消费者走进超市后，通常会无意识地环视店内所陈列的商品，以对陈列的商品获得一个初步的印象。因此，只要超市的商品陈列已注意到商品的能视度，就可以使消费者一进门就看清超市里所经营的商品，较清晰地感知商品形象。

（二）高度适宜

商品陈列的高度会直接影响消费者的视觉注意和感受范围及程度，因此，陈列的高度必须合理。

首先，陈列高度要与消费者的视线、视场相适应。心理学研究表明，人眼睛的视场与距离成正比，而视觉清晰度与距离成反比。通常，消费者在店内无意识地展望高度是0.7～1.7米，同视线轴大约30度角上的商品最容易为人们清晰感知。一般来说，摆放高度应以1～1.7米为宜。

其次，陈列高度应与消费者易于触摸的高度相吻合。统计资料表明，女性平均身高要比男性矮10～20厘米，陈列的有效区可以根据消费对象相应调整。一般来说，成年女子最适合的触摸高度为距离地面60～160厘米的空间，成年男子最适合的触摸高度为60～180厘米。据此，可以把女性用品和男性用品分别摆放在这两个空间，儿童用品应尽量陈列在比较矮的地方，使他们可以信手取来。

（三）适应习惯

商品的陈列位置要适应顾客的购买习惯。一般低值易耗品，陈列于最明显、易于速购的地方，如商场的底层、过道或出入口；衣着出行品，人们在选购时往往要进行仔细的比较，所以要陈列于商场内空间比较宽敞、光线比较充足的地方；贵重商品，适宜于选择店内比较深入、优雅的地方，设立专门的区域，以满足顾客慎重决策、求信誉、求放心的心理需求。

例如，花车陈列属于廉价陈列，一般置于过道，它给顾客一种优惠的感觉，能够刺激顾客的购买欲望；专柜用豪华的货架和灯光处理的方法制造高档的感觉。

五、购物环境心理

购物环境指的是消费者购买行为发生的场所，以及与之相配套的服务设施和设备，这些因素直接影响着顾客的消费心理。

（一）物质环境

▶ 1. 色彩搭配

在购物现场，色彩的有效使用具有普遍意义。因为色彩与环境、商品的搭配是否协调，对顾客的购买行为有重要影响。不同的色彩对人的视觉刺激强度不同，因而对人的情绪会产生不同的影响。色彩不仅能使人产生冷暖、明暗、远近、轻重、大小等感觉，还能引起兴奋、忧郁、紧张、轻松、烦躁等心理反应。比如，橘黄色给人以兴奋、庄严的感觉；玫瑰色给人以华贵、高雅的感觉；嫩绿色给人以恬静、柔和、明快的感觉。曾有一饭店经理，将其饭店就餐大厅的墙壁粉刷成淡绿色，给人舒适优雅之感，吸引不少食客。亮色调比暗色调更吸引人；而暗色调（如红色和黄色）比冷色调（如蓝色和灰色）更能吸引人。哪一种颜色最适合室内装饰？答案是，因情况而定。红色有助于吸引消费者的注意和兴趣，然而在有些情况下它也令人感到紧张和反感；较柔和的颜色（如蓝色）虽然有较少的吸引力和刺激性，但能使人平静、凉爽，并给人正面的感觉。另外，不同的季节和不同的地区，也要恰当选用不同的颜色。比如，在寒冷的冬季，应以红色、黄色为主体，给人以温暖的感觉；而炎热的夏季，则应以冷色调为主，给顾客以凉爽、舒适的感觉。

▶ 2. 气味

人对气味的敏感性是极强的。虽然关于这方面的研究并不多，但越来越多的证据表明，气味能对消费者的购物行为产生正面影响，任何一个顾客都不会愿意在有异味的店里多待一分钟。据国外的一项研究结果，有香味的环境会让消费者产生再次造访该店的愿望，提高对某些商品的购买意愿并减少费时购买的感觉。商场中的气味大多是与商品相关的，特别是在专营商店中更为突出，如花店中的花香、药店中的药味、面包屋里诱人的香味、皮革行中皮革味等。许多顾客是从商店中散发出来的气味来判断商品质量状况的。

对有益的气味应加以有效利用，会产生更强的促销效果。如"国际香味公司"特别制作了苹果馅饼、巧克力饼干、法国油炸食品等香甜的气味，并定时在商业区林荫道上释放这些气味，以吸引过往行人购买。还有些厂家将醇香的酒桶、巨大无比的面包置于闹市中，阵阵的香味随风传到很远、很远，吸引了无数行人驻足、观望乃至购买……应该说，诱人的气味能带来良好的销售。

基于以上研究，我们不难理解为什么芬芳产品产业蓬勃发展。但是，如果运用不当，气味也会产生消极的一面。比如，香味的偏好非常个人化，对某些人是愉悦的香味而对其他一些人也许令其厌恶；一些购物者对精心添加到空气中的香味会有反感，而另一些人则担心过敏。另外，关于气味应在什么时候、什么条件下以及如何有效地运用于零售环境尚不十分清楚。

▶ 3. 声音

与气味一样，声音在商场中也会影响消费者的情绪，而情绪又会影响众多的购买行为。慢节奏与快节奏背景音乐对餐馆而言哪种更合适？

表5-5显示慢节奏音乐相对快节奏音乐为一个餐馆增加了7%的毛利！然而，在得出所有餐馆应播放慢节奏音乐的结论之前，应对表5-5做一番仔细地审视与检查。慢节奏音乐似乎使消费者更为放松和延长在餐馆的用餐时间，从而增加从吧台购买商品的数量。但是对于更多依赖顾客周转的餐馆，快节奏音乐可能更好。

表 5-5　背景音乐对餐馆顾客的影响

变　　量	慢节奏音乐	快节奏音乐
服务时间/分钟	29	27
消费者用餐时间/分钟	56	45
没落座就离开的顾客（%）	10.5	12.0
购买的食物数量/美元	55.81	55.12
在酒吧购买的数量/美元	30.47	21.62
估计毛利/美元	55.82	48.62

音乐中除了节奏外的其他因素也很重要。比如，研究表明播放符合消费者偏好的音乐

可以改善消费者的满意度和快乐感，延长他们的逗留时间，增加他们的花费，提高他们感知的质量，并能塑造好的口碑。

但声音的控制必须注意音量和使用的频率问题。心理学的研究表明，人的听觉器官对每秒 16～20 000 次振动的声音能发生听觉反应，而对 400～1 000 次振动的声音的感受性最大。每秒振动超过 20 000 次的超声波和每秒振动低于 16 次的次声波人们都听不到。商店内音响过强，超过每秒振动 1 000 次以上，就会引起消费者烦躁不安、注意力分散，更为严重者还会造成耳膜痛觉。

另外，来自商店外部的声音干扰、店内广播所播放的广告信息、店内人员的说话声及物品在柜台上发出的各种响声等就构成的噪声会给消费者的购买行为带来消极影响，对于这种声音也要加以控制。

总之，店内音乐音响设计得当，能引起消费者的愉悦心情，促成其购买行为的发生。反之，则会产生不利的影响。

▶ **4. 拥挤状态**

店内拥挤会对零售店和顾客产生负面影响。当越来越多的人进入商店或店铺空间过多地被货物挤满时，购物者会感到一种压抑。很多消费者会觉得这令人不快，并采取办法改变这种处境。最常用也是最基本的方法是减少停留在商店内的时间，同时买的更少、决策更快或更少运用店内可资运用的信息。结果是，消费者满意降低、购买体验不愉快、减少再次光顾的可能性。在 20 世纪 90 年代末，我国刚刚实施双休日的第一个周末，京城的人们纷纷涌向商场。位于长安街西侧的长安商场里，人挤人，人拥人。在冬天里，售货员们个个满头大汗，连夏日里的电风扇也全都派上了用场，转个不停。商场里的人们拼命地往外挤，赶快逃离这里是人们的最佳选择……这样的购物经历使人们对商场的认知、评价都偏离了原有轨道。同样，下次购物时人们会躲开这些商厦，从自己的记忆闸门里关闭它们，或者告诫自己不要去凑热闹。

营销者在设计其卖场时，应尽量减少顾客的拥挤感。当然，这在实际中是比较困难的，因为消费者通常在特定时间(节假日或周末)到零售店购物。零售商必须在大多数时间里店面大于应有的营业面积所支付的额外费用与由于在关键购物时段里顾客感到拥挤造成的不满所带来的损失间做出平衡和取舍。使用更多的职员，增加收银台以及类似的措施都可以增加在高峰时期消费者的流动和减少其拥挤的感觉。

另外，营销者还必须注意跨文化的区别，因为个人空间和拥挤感会因文化的不同而不同。

(二)社会环境

社会环境是指购买过程中对消费者购买行为产生影响的人际环境，我们的行动通常受周围的人影响。

思考: 在下列情境下你会穿什么衣服?

1. 为期末考试独自在家复习。

2. 跟别人约好在图书馆一起复习准备期末考试。

3. 去一家高级餐厅约会。

4. 跟老板约好一同进餐。

大多数人会为了某些情境而改变服饰或行为。个体行为服从群体，当这种行为处于公共场合时，情况尤其如此。因此，社会情境对我们的行为是一种重要的影响力量。购物以及很多在公众场合使用的商品与品牌，都是高度可见的，无疑会受制于社会影响，这尤其适用于那些对人际关系敏感的人。最近一项研究表明，消费者在公共场合(与单独消费的场合相比)会更倾向于多元化的购买行为，即便有些产品是他们不喜欢的。其中的原因是，消费者觉得如果他们购买商品多而好，他们在同伴面前就会有权威感和满足感。比如，几个人一起外出购物时，会逛更多的店，同时也很可能花更多的超过预算的钱。因为，在这样的购物环境中，他们更多地满足了自己的虚荣心、自尊心，更多地得到相关群体的认同，他们的满足感会处在一种亢奋之中。

(三)时间

时间也在很大程度上影响消费者的行为。时间观是指涉及时间对消费者行为的影响的一些情境特征。花费在某一次购买上的时间对消费者购买决策具有重要的影响。一般来说，可用的时间越少，信息搜寻就越少，能够运用的信息就比较少，从而购买会更仓促，由此造成购买结果往往不如人意。

有限的购买时间会导致消费者考虑的备选产品数量和品牌的减少，这也是导致品牌忠诚尤其是全国性品牌忠诚的形成原因。比如，双职工家庭，由于时间压力大，没有时间逛商店和对各种品牌进行比较，从而倾向于选择全国性品牌和知名品牌，这样可以降低购买风险。

时间也影响我们对店铺的选择，一些零售商店就充分利用了这一点。最成功的也许是"7-Eleven 连锁店"，该商店几乎是排他性地针对那些匆匆忙忙或在正常购物时间之外购物的消费者。

由于时间压力的普遍存在，网上购物迅速增加。网上购物有两个重要的与时间相关的好处。第一，节约了进行特定购买的时间；第二，消费者可以对购买过程完全控制。上述两点是导致网上购物蓬勃发展的主要因素。

(四)购买任务

购买任务是指消费者当时所持有的特定的购买目的和目标，即购买某商品是为了送礼、赠送还是自己使用。比如，家庭主妇在为家人购买节日礼物时的方式与为自己购买商品时的方式肯定有所不同。如果是作为礼品送人，那么选择标准就更不同。这是因为，礼品本身常常包含多种意义：礼品的价格，可以作为送礼者对受礼者尊重程度和受礼者对送礼者的重要程度的衡量；礼品的形象与功能往往隐含着送礼者对受礼者形象和个性的理解；礼品的性质则表明了送礼者希望与受礼者建立的关系类型等。而不同的场合也要送适当的礼品：结婚礼品倾向于带有功用性，而生日礼物则要倾向于有趣性。因此，无论是一般性的购买任务(送礼)，还是具体的购买任务(送礼的具体场合)都会影响购买行为，购买目的和目标的不同，消费者购买的标准和策略就可能完全不同。

(五)心情

心情是一种不与特定事件或事物相连的暂时性情感状态。我们每个人都会有情绪高昂和情绪低落的时候，但这并非我们个人性格的一部分。心情作为一种情感，没有情绪那么强烈，而且常常是在个体没有意识的情况下产生的。虽然心情可能影响个人行为的所有方面，但通常没有情绪对其行为产生影响大。个人通常运用高兴、愉快、平静、悲哀、忧伤、压抑等词汇来描述心情。

心情既影响消费过程同时又受消费过程的影响。正面、积极的心情能增加消费者逗留的时间，并可能发生冲动性购买；负面的心情也会增加某些类型消费者的冲动性购买。一个解释是某些购买行为既能维持心情（积极的心情）也能改善情绪（负面的心情）。

消费者往往会主动调节心情状态。比如说，他们经常会寻找那些能够消除消极心情或强化愉快心情的情境、活动或者事物。消费者调节心情状态的方法之一就是购买产品和服务。因此，当一个人感到悲伤或者闷闷不乐时可能会看情境喜剧电视片，看一场令人高兴的电影，逛一家有意思的商店，到一家气氛轻松的餐厅大吃一顿，买一张新的影碟、衬衫或者其他有趣的产品。消费者在进行这些心情调节活动时，可能处于一种无意识的状态，也可能处于一种深思熟虑的状态。

营销者可以从影响消费者的心情中获得收益，比如，用诱发积极心情的事件来安排各种营销活动。很多公司倾向于在轻松的节目中安排或播放广告，因为此时观众在观看这些节目时处于一种更好的心情。餐馆、酒吧、购物中心和其他很多零售场所在设计时就考虑如何激发顾客的正面心情，播放音乐就是基于这一原因。最后，营销人员也可以通过摆设产品、提供服务来调节消费者的心情。

星光联盟购物环境对消费心理的影响分析

消费者的购买行为通常在一定的购物场所或环境中实现。购物环境的好坏对消费者购买过程中的心理感受会有各方面的影响。因此，适应消费者的心理特点，提供良好的购物环境，是企业扩大产品销售必不可少的条件。

下面我们就以星光联盟灯饰 LED 照明博览中心为例，探讨好的购物环境对客户的消费心理引导作用。

一、地理位置分析

星光联盟坐落于中国灯饰之都——中山市古镇。灯饰业是古镇的龙头行业，也是古镇的经济支柱。从 1982 年发展至今，经过近三十几年的培育和发展，已形成了以古镇为中心，覆盖周边三市 11 镇区，年产值超千亿元的灯饰产业集群，成为世界性几大灯饰专业市场之一，是国内最大的灯饰专业生产基地和批发市场。在这样的大背景下，星光联盟有着得天独厚的优势，采购商们没有理由不来古镇，与此同时，受星光联盟本身的优势所吸引，来古镇的客户们也都不会错过这座"灯饰界的卢浮宫"。

二、周边环境分析

星光联盟地处古镇最繁华、客流量最高、交通最通畅的中兴大道中，临近古镇镇政府、银行、古镇医院、酒店、公园等各种服务机构和饮食娱乐场所。采购商们千里迢迢来到古镇，不会只是看看灯就了事，他们在采购的同时能享受到如此就近便捷的服务，在心理上会得到很大的满足，于是就更进一步促进了购买欲望。

三、卖场结构分析

不得不说，星光联盟灯饰LED照明博览中心是一幅独具匠心之作。大楼整体外观为一个长210米、宽160米、高60米的四方体。以铝板为材料营造水晶切割面视觉效果，使整座大楼看起来就像是一座硕大无比的水晶宫。星光联盟以其简约而又大气的外表形象足以吸引顾客的目光，俗话说不到长城非好汉，不到星光联盟也必将会是一大遗憾。

而走进星光联盟，消费者心理又会发生更多变化。建筑内部结构极为简单，由长150米、宽60米、高60米的中庭及四周的商铺空间构成。中庭体量之大，堪称世界之首。这样的设计会完全消除顾客的压迫感与紧张感，排除消费心理干扰。4组跨度近30米高的天梯，由1层直达5层，5层直达9层，无须转乘。天梯为顾客创造了一种凌空于上的视觉体验，同时也帮助解决高层商场经营之难题，迅速将人流引向高楼层商铺。每层大楼都设计了5～9米宽的走廊。走廊天花内镶入流线型的定制光带，以流动的曲线引导着顾客在商场里漫游。每层电梯出口都有休息区，柔软舒适的沙发可以缓解疲惫，增强购物耐心。

四、灯光环境分析。星光联盟从还原光的本质出发，其内部通过为天花板设计1000平方米的大型高清LED天幕，赋予整个内部空间以统一的"光线主题"，震撼的灯光表演时而清新自然、时而如梦如幻，让购物者切身体会光的艺术美，提升他们的消费意识。由于中庭空间大，星光联盟内部整体的光线分布非常均匀，不会有暗角，也不会有刺眼的光束，徜徉于其中，会感觉无比平静，身心同时被舒展，带着这样的心情去购灯，必定会淘到让人满意的产品。

五、声音环境分析。在星光联盟内，不管是在大厅、门市，还是在走廊、电梯甚至洗手间，都有沁心的音乐伴随左右。一个人也好，跟朋友一起也好，逛逛门市、听着音乐、欣赏灯光表演，或品一杯咖啡，谈一次生意……我想这样惬意的购物体验绝对是在别处难以实现的。

总之，购物环境对消费心理的影响是有多方面因素的，只有将多种因素综合利用，优化以达到最佳效果，才能最大程度上引导或激发消费者的购买行为，促成有效消费。

任务实施

步骤1：组建营销小分队，以小分队为单位，按照每个项目的任务要求，通过分工协作，独立制订计划并实施计划，完成项目任务。每个小分队6～8人，可自由结组，优势互补；小组内保证必须男女皆有；每个小组在完成任务过程中，小组成员不变；小组成员在不同的任务中要承担不同的角色，进行角色轮换。

步骤2：以小组为单位学习相关知识，明晰营业环境的相关内容，以及消费心理在营业环境的具体应用。

步骤3：实地考察调研本市的万达商场，分析其购物环境对消费者心理的影响。

步骤4：整理调查资料，完成"万达广场购物环境对消费者心理影响"分析报告。要从地理位置、周边环境、场景布置、色彩、灯光、音乐、橱窗等多分角度进行分析。

步骤5：每组派代表就任务完成情况汇报。

步骤6：教师、企业专家、学生代表三方组成的成绩评定团进行评价。

任务评价

参照表5-6，对学生任务完成情况进行评价。

表5-6　任务评价表

考评项目	考　评　点	分　值	评　分	评分人签名
方案内容	调查报告以调查资料为依据，做到调查资料与观点相统一；调查报告系统性强，重点突出	20		
	调查方案的全面性，能够从地理位置、外部环境、内部环境、灯光、音乐、色彩等方面进行全面的分析	50		
	报告的语言逻辑严谨、文风质朴、简洁生动、通俗易懂、用词恰当	10		
汇报语言	语言规范，对方案掌控良好	5		
	语言清楚简练，生动通俗	5		
	应答有礼有节	5		
	时间把握恰当	5		
合计		100		

知 识 技 能 测 试

一、单项选择题

1.（　　）就是将产品价格采取合零凑整的办法，把价格定在整数或整数水平以上，给人以较高一级档次产品的感觉。

　　A. 整数定价　　　　B. 声望定价　　　　C. 习惯定价　　　　D. 招徕定价

2.（　　）是指保留价格尾数、采用零头标价，将价格定在整数水平以下，使价格保留在较低一级档次上。

　　A. 整数定价　　　　B. 声望定价　　　　C. 尾数定价　　　　D. 招徕定价

3.（　　）指针对消费者"一分钱一分货"的心理，对在消费者心目中享有声望、具有信誉的产品制订较高价格。

　　A. 整数定价　　　　B. 声望定价　　　　C. 尾数定价　　　　D. 招徕定价

4.（　　）是指按照消费者的习惯性标准来定价。

　　A. 整数定价　　　　B. 声望定价　　　　C. 习惯定价　　　　D. 招徕定价

5.（　　）是指将产品价格调整到低于价目表价格，甚至低于成本费用，以招徕顾客促进其他产品的销售。

A. 整数定价　　　　B. 声望定价　　　　C. 习惯定价　　　　D. 招徕定价

6. 白菜的市场价格是1元，而某商场却把白菜的价格定为0.99元，这是采用了哪种心理定价策略（　　）。

A. 折让定价　　　　B. 非整数定价　　　　C. 习惯性定价　　　　D. 渗透定价

7. 将价格定为1 000元，而不是990元，则采用的定价策略属于（　　）。

A. 整数定价　　　　B. 声望定价　　　　C. 习惯定价　　　　D. 招徕定价

8. 消费者在选择商品时，以价格为首要考虑因素，对降价、折价等促销活动有较大的兴趣，而对商品的质量、花色、款式、包装和品牌并不十分挑剔，这类消费者的购买动机属于（　　）。

A. 求实动机　　　　B. 求廉动机　　　　C. 求便利动机　　　　D. 求美动机

9. "新飞广告做得好，不如新飞冰箱好"暗示人们新飞冰箱质量过硬。这句广告语运用了（　　）修辞手法。

A. 夸张　　　　B. 反复　　　　C. 比喻　　　　D. 对比

10. 一般大型百货商场适用于（　　）出入口设计。

A. 封闭型　　　　B. 半开型　　　　C. 全开型　　　　D. 畅通型

二、多选题

1. 商场选址要符合的顾客的心理有（　　）。

A. 马太效应　　　　B. 便捷心理　　　　C. 黄金分割效应　　　　D. 商场集聚心理

2. 下列（　　）产品符合消费者心理意义上的新产品？

A. 全新产品　　　　B. 换代新产品　　　　C. 改进新产品　　　　D. 仿制新产品

3. 好的橱窗设计能引起顾客的（　　）心理反应。

A. 引起注意　　　　B. 引发兴趣　　　　C. 激发购买动机

4. 营销刺激是营销消费行为的重要因素，下列对营销刺激对消费行为影响正确的是（　　）。

A. 一份全版广告相对于半版广告更容易被注意到

B. 运动的东西更容易吸引消费者的注意力

C. 处于视野正中的物体比处于边缘的物体更容易被人注意

D. 喝了奶茶再品尝果汁，会感觉果汁更甜

5. 产品包装的心理功能有（　　）。

A. 联想功能　　　　B. 识别功能　　　　C. 美化功能　　　　D. 增值功能

6. 产品涨价时首先要考虑涨价对消费者带来的心理影响，产品涨价时常见的对消费者的心理影响有（　　）。

A. 产品涨价是因为这种产品非常热销、紧俏，可能会出现断货，要抓紧时间尽快购买，不买会错过时机

B. 产品具有特殊的价值或更优越的性能

C. 产品已经涨价，还会继续再涨

D. 这种产品太贵了，要寻找替代品或转换品牌

7. 新产品的心理定价策略有(　　)。

A. 撇脂定价　　　　B. 渗透定价　　　　C. 尾数定价　　　　D. 满意定价

8. 产品降价时首先要考虑减价对消费者带来的心理影响，产品降价时常见的对消费者的心理影响有(　　)。

A. 猜测有新产品即将问世，降价产品即将被淘汰，不能只图便宜

B. 降价产品是滞销或有瑕疵的产品，小心上当

C. 商品已经降价，还会继续降价，等到价格更低时再买

D. 购买降价商品有失身份

9. 根据顾客不同的消费心理，商品陈列可采用的方法是(　　)。

A. 分类陈列　　　B. 相关商品陈列　　C. 季节陈列　　　　D. 醒目陈列

10. 品牌的心理功能有(　　)。

A. 认知功能　　　B. 宣传功能　　　　C. 保护功能　　　　D. 情感功能

三、实训题

参观调查本市的某商场，分析其在选址、营业环境、营销场景等方面，说明商场的营销场景在哪些方面满足了消费者的哪些心理需求？

参 考 文 献

[1] 单凤儒. 营销心理学[M]. 北京：高等教育出版社，2005.

[2] 张之峰，张学琴. 消费心理学[M]. 北京：北京理工大学出版社，2010.

[3] 亨利·阿赛尔，消费者行为和营销策略[M]. 北京：机械工业出版社，2000.

[4] 马谋超. 广告心理[M]. 北京：中国物价出版社，2000.

[5] 陈培爱. 广告学概论[M]. 北京：高等教育出版社，2008.

[6] 龚振，荣晓华，刘志超. 消费者行为学[M]. 大连：东北财经大学出版社，2002.

[7] 菲利普·科特勒. 营销管理[M]. 北京：清华大学出版社，1999.

[8] 张晓其，柳欣. 营销心理学[M]. 北京：中国财政经济出版社，2005.

[9] 迈克尔·所罗门，卢泰宏，杨晓燕. 消费者行为学[M]. 北京：中国人民大学出版社，
    2014.

[10] 彭聃龄. 普通心理学[M]. 北京：北京师范大学出版社，2004.

[11] 单大明. 消费心理学[M]. 北京：机械工业出版社，2012.

[12] 黄希庭，等. 消费心理学[M]. 上海：华东师范大学出版社，2010.

[13] 张丽莉，季常弘. 消费心理学[M]. 上海：华东师范大学出版社，2010.